"赢在开门红"巡讲获得认可

"赢在开门红"课堂展示

"赢在开门红"证书展示

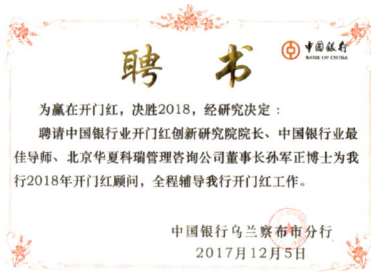

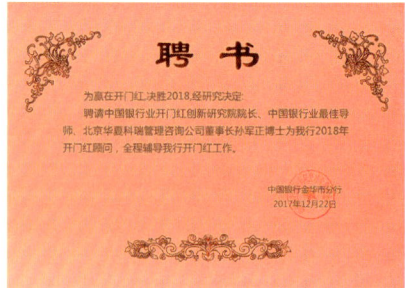

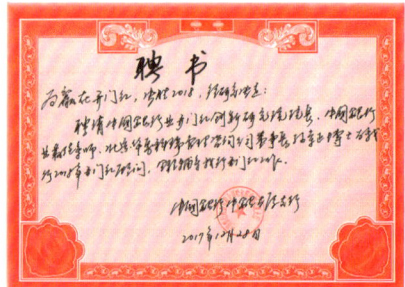

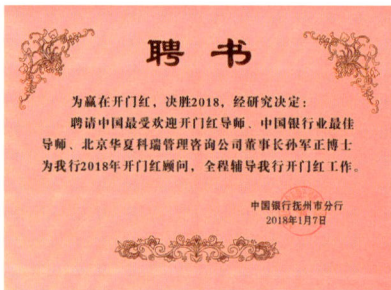

聘 书
LETTER OF APPOINTMENT

中国银行
BANK OF CHINA

为赢在开门红，决胜2018，经研究决定：
聘请中国银行业开门红创新研究院院长、中国银行业最佳导师、北京华夏科瑞管理咨询公司董事长孙军正博士为我行2018年开门红顾问，全程辅导我行开门红工作。

中国银行乌兰察布市分行
2017月12月5日

聘 书
LETTER OF APPOINTMENT

中国银行
BANK OF CHINA

为赢在开门红，决胜2018，经研究决定：
聘请中国银行业开门红创新研究院院长、中国银行业最佳导师、北京华夏科瑞管理咨询公司董事长孙军正博士为我行2018年开门红顾问，全程辅导我行开门红工作。

中国银行股份有限公司双鸭山分行
2017年12月8日

聘 书
LETTER OF APPOINTMENT

为赢在开门红，决胜2018，经研究决定：
聘请中国银行业开门红创新研究院院长、中国银行业最佳导师、北京华夏科瑞管理咨询公司董事长孙军正博士为我行2018年开门红顾问，全程辅导我行开门红工作。

中国银行市峰分行人力资源部
2017年12月16日

聘 书

为赢在开门红，决胜2018，经研究决定：
聘请中国银行业开门红创新研究院院长、中国银行业最佳导师、北京华夏科瑞管理咨询公司董事长孙军正博士为我行2018年开门红顾问，全程辅导我行开门红工作。

中国银行金华市分行
2017年12月22日

中国银行
BANK OF CHINA

聘 书

为赢在开门红，决胜2018，经研究决定：
聘请中国银行业开门红创新研究院院长、中国银行业最佳导师、北京华夏科瑞管理咨询公司董事长孙军正博士为我行2018年开门红顾问，全程辅导我行开门红工作。

中国银行齐齐哈尔分行
2017年12月27日

聘 书

为赢在开门红，决胜2018，经研究决定：
聘请中国银行业开门红创新研究院院长、中国银行业最佳导师、北京华夏科瑞管理咨询公司董事长孙军正博士为我行2018年开门红顾问，全程辅导我行开门红工作。

中国银行
2017年12月

聘 书

为赢在开门红，决胜2018，经研究决定：
聘请中国最受欢迎开门红导师、中国银行业最佳导师、北京华夏科瑞管理咨询公司董事长孙军正博士为我行2018年开门红顾问，全程辅导我行开门红工作。

中国银行抚州市分行
2018年1月7日

聘 书

为赢在开门红，决胜2018，经研究决定：
聘请中国最受欢迎开门红导师、中国银行业最佳导师、北京华夏科瑞管理咨询公司董事长孙军正博士为我行2018年开门红顾问，全程辅导我行开门红工作。

中国银行哈尔滨香坊支行
2018年1月8日

聘 书

为赢在开门红，决胜2018，经研究决定：
聘请中国最受欢迎开门红导师、中国银行业最佳导师、北京华夏科瑞管理咨询公司董事长孙军正博士为我行2018年开门红顾问，全程辅导我行开门红工作。

中国银行银川市西夏支行
2018年1月12日

聘 书
LETTER OF APPOINTMENT

为赢在开门红，决胜2018，经研究决定：
聘请中国银行业开门红创新研究院院长、中国银行业最佳导师、北京华夏科瑞管理咨询公司董事长孙军正博士为我行2018年开门红顾问，全程辅导我行开门红工作。

中国银行浙江省分行个人金融部
2018年2月1日

赢在开门红
重建内部竞争新思维

朱之伟　陈延鹏　孙军正 ／ 著

中国财富出版社

图书在版编目（CIP）数据

赢在开门红.重建内部竞争新思维 / 朱之伟，陈延鹏，孙军正著 .—北京：中国财富出版社，2023.1

（商业银行"赢在开门红"系列丛书）

ISBN 978-7-5047-7051-6

Ⅰ.①赢… Ⅱ.①朱…②陈…③孙… Ⅲ.①商业银行—银行管理 Ⅳ.① F830.33

中国版本图书馆 CIP 数据核字（2019）第 264902 号

策划编辑	周　畅	**责任编辑**	邢有涛　刘康格	**版权编辑**	李　洋
责任印制	梁　凡	**责任校对**	卓闪闪	**责任发行**	杨　江

出版发行	中国财富出版社			
社　　址	北京市丰台区南四环西路 188 号 5 区 20 楼	**邮政编码**	100070	
电　　话	010-52227588 转 2098（发行部）	010-52227588 转 321（总编室）		
	010-52227566（24 小时读者服务）	010-52227588 转 305（质检部）		
网　　址	http://www.cfpress.com.cn	**排　　版**	宝蕾元	
经　　销	新华书店	**印　　刷**	宝蕾元仁浩（天津）印刷有限公司	
书　　号	ISBN 978-7-5047-7051-6/F · 3516			
开　　本	710mm×1000mm　1/16	**版　　次**	2023 年 3 月第 1 版	
印　　张	17　彩插 0.25	**印　　次**	2023 年 3 月第 1 次印刷	
字　　数	184 千字	**定　　价**	52.00 元	

如今，各行各业都存在着内部竞争，对于内部竞争到底存在着正向价值还是负向价值，很多人都有自己的看法。当然，也有不少企业想要采取措施来消除内部竞争。其实，内部竞争不会彻底消失。那么如何发挥内部竞争的正向作用便成为众多企业迫切需要解答的问题。

正向的内部竞争可以促进企业蓬勃发展，负向的内部竞争可能会给企业造成损失。任何行业、企业都避免不了内部竞争，商业银行亦是如此。合理发挥内部竞争的正向作用，能够促进商业银行稳定运营。在商业银行内部既存在部门与部门间的竞争，又存在部门内部员工的竞争，这些竞争统称为"内部竞争"。

不合理的内部竞争有时会给商业银行造成损失。这样的内部竞争是负向的，甚至是畸形的，对银行发展有百害而无一利。银行内部无法避免出现竞争，只有将内部竞争正向化，竞争的激励目标才能实现。因此，建构正确合理的内部竞争新思维对商业银行发展尤为重要。

本书着重讲述商业银行内部竞争新思维，帮助商业银行解除负向内部竞争的不利经营局面，建立正向内部竞争的有利经营局面，变竞争为发展，帮助商业银行赢在开门红。

CONTENTS　目　录

第一章

商业银行行业内经营现状

商业银行内外部环境竞争现状

企业发展离不开竞争，竞争会带来压力，同时会带来动力。处于经济市场之中的商业银行既存在与其他商业银行的外部竞争，也存在银行内部竞争，同一家商业银行的各个网点之间、网点里的各个员工之间都存在一定的竞争。

如图1-1所示，商业银行内外部环境竞争现状分为商业银行外部环境竞争现状和商业银行内部环境竞争现状。

商业银行内外部环境竞争现状

商业银行外部环境竞争现状　　　　商业银行内部环境竞争现状

图1-1　商业银行内外部环境竞争现状

一、商业银行外部环境竞争现状

银行业是我国经济体系的重要组成部分，其发展与国家经济发展水平息息相关。随着社会经济的快速发展，商业银行不仅面临着国内行业市场的激烈竞争，还面临着国际市场的巨大挑战，下面采用波特五力模型对商业银行外部环境竞争现状做出分析（见图1-2）。

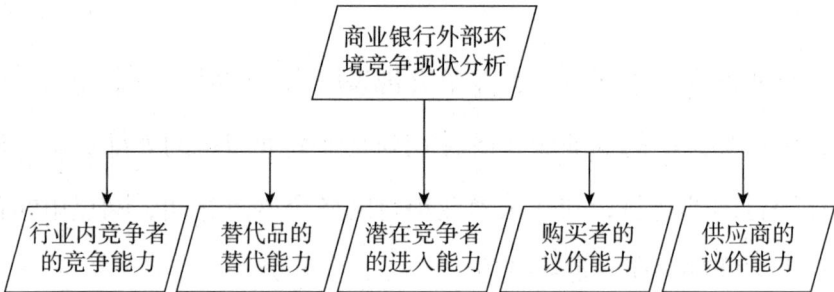

图1-2　商业银行外部环境竞争现状分析

1.行业内竞争者的竞争能力

目前，我国银行业企业市场占有率较小，市场竞争激烈。就如同盘子多蛋糕少，为了让每个盘子都有蛋糕，必然会产生竞争。商业银行之间的竞争的目的在于扩大自己的市场份额，如此一来,争抢加剧。

银行业内竞争者主要有国有商业银行、股份制商业银行，以及外资商业银行。国有商业银行主要包括中国工商银行、中国农业银行、中国银行、中国建设银行、中国邮政储蓄银行和交通银行，这些企业的运营模式、管理机制、市场规模等多方面有相似之处，它们之间的竞争是很激烈的。股份制商业银行相较于其他企业而言，有灵活的机制，发展步调更贴合我国国情，无论是管理理念，还是运营措施，都更加与时俱进。外资商业银行虽然具有较为完备的内部管理机制和充盈的人才储备，但是在我国运营时间较短，其在我国市场的竞争之中没有太大优势。

2.替代品的替代能力

替代品是指具有相同功能的、可以相互取代的产品。通常来讲，同行业内几乎所有的企业都会受到替代品的威胁，替代品限制了企业的潜在利益获取。商业银行金融产品的替代品就是非银行金融系统产品，如互联网金融企业所提供的产品。有些互联网金融产品与商业银行的金融产品相比更加方便、简单。换言之，这些产品的出现对商业银行发展产生了一定的阻力，这就需要商业银行采取措施进行改革。在市场竞争环境下，商业银行不能只注重眼前业务的发展，还应该顺应科技的发展，不断更新运营机制。

3.潜在竞争者的进入能力

新竞争者不断涌现，可以给行业市场带来新鲜力量。尽管现有外资商业银行的实力不是很强，但并不妨碍更多类似的金融企业想要进入市场分一杯羹。随着潜在竞争者对优势资源的整合，其市场竞争力也在不断提升，这也将导致行业内的竞争更加激烈。我国向外资商业银行开放了人民币业务，在一定程度上给我国商业银行带来了经营压力。

4.购买者的议价能力

购买者的议价能力也是商业银行外部竞争的影响因素，购买者更想以较低的价格换取更优质的服务或更高质量的产品，而这些成本就需要商业银行进行支出。商业银行产品和服务的购买者主要是资金的需求方，即贷款者。商业银行产品和服务的购买者主要有政府部门、企业机构，以及普通消费个体。商业银行的产品可以简单地分为大额业务和小额业务，大额业务可以看作批发产品，主要消费对象为政府部门和企业机构，这些单位可以一次性购买大额产品，并且具有较强的议价能力；小额业务则可以看作零售产品，主要消费对象为普通个体，普通个体受自身需求限制，购买量相对较少，议价能力较弱。

5.供应商的议价能力

供应商是向企业及其竞争对手供应各种资源的企业和个人，包括提供原材料、设备、能源、劳务等。商业银行的供应商主要是资金的供给方，即存款方。国内外商业银行的运营资金主要来源于存款和负债。随着社会经济的发展，居民收入水平不断上涨，不断为商业银行注入资金。与此同时，商业银行的竞争对手也在不断涌现，它们为广大上游供应商提供了多元的选择，使得其议价能力逐渐增强，选择范围越来越大。

二、商业银行内部环境竞争现状

银行业是一个"古老"的行业，具有较为深厚的历史积淀，有着较好的市场发展前景。然而，我国某些商业银行的经营存在一些问题，如果它们不能合理规避、解决这些问题，将会影响整体发展。就目前来看，商业银行的不正当内部竞争便是问题之一，商业银行认清现状、找准对策才是解决问题之道。从商业银行的内部环境竞争现状来看，其主要分为网点之间的竞争现状和员工之间的竞争现状（见图1-3）。

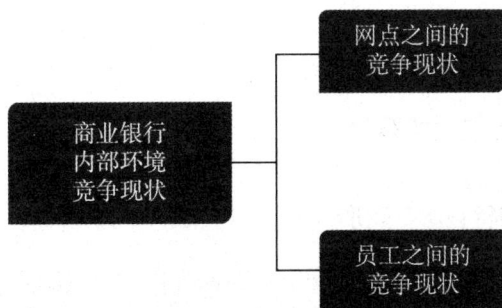

图1-3 商业银行内部环境竞争现状

1. 网点之间的竞争现状

通常来讲，商业银行可以分为6个层级，依次为总行、一级分行、直属支行、二级分行、一级支行、分理处。不同层级的分支行和网点，运营规模和业务范围存在较大差距，很多网点的业务范围是有限的。对于同一层级的分行或者支行而言，在运营规模相似、业务范围一致的情况下，不同网点推出的产品会有一定的差异。

博智经邦统计指出，2021年年末，全国银行业金融机构营业网点总量约为22.36万个，相比2020年年末减少了303个。近几年银行网点总量持续缩减。尽管总体数量在缩减，但农村商业银行的营业网点数量呈现出增长趋势。由此可见，大环境影响下，部分商业银行依旧能够稳步发展。优胜劣汰是企业竞争的结果，多数商业银行网点数量减少不仅受外部市场竞争环境影响，也受企业内部网点之间的竞争影响。合理发挥内部竞争的正向作用有利于商业银行在经济市场立足，消极的内部竞争不仅不能促进各网点的发展，还会让网点因不正当竞争付出代价，对商业银行发展不利。

2. 员工之间的竞争现状

我国商业银行员工离职率高，其中，年轻员工占比较高，离职人员大多迫于岗位工作压力而不得不选择"另谋他路"。各大商业银行通常都会给职工布置任务，工作难度和工作强度非常大，加之严厉的KPI（关键绩效指标）考核机制，如果完不成绩效任务还可能扣除一部分薪资。为了完成工作任务，提升KPI，许多员工选择"资源争抢"，继而出现恶性竞争现象。在市场客户的总数量整体不变的情况下，员工为了完成个人业绩，就会与同事抢夺有限的客户资源。这种恶性竞争的存在对商业银行的发展是不利的。这种恶性竞争现象和抢夺行为只会让员工之间的关系僵化、相处压抑。因此，商业银行应该找到发挥内部竞争正向作用的方式方法，这样才能从真正意义上促进发展。

商业银行内部竞争调研

内部竞争是商业银行运营过程中必然存在的影响因素之一，在商业银行发展过程中，内部竞争一直存在。内部竞争可以简单地理解为人们口中的"内卷"，当商业银行举办营销活动时，各网点、各部门以及员工个人为了提高KPI，都会采取一些措施，在此过程中难免会出现资源抢夺情况，从而产生内部竞争。任何一家商业银行都会存在内部竞争，并且规模越大的银行，内部竞争对其发展的影响就越大。不能合理认识和利用内部竞争。不仅会打击员工工作积极性，还会对商业银行的运营机制产生不利的影响。因此，深入了解内部竞争已经成为商业银行规划运营的首要任务之一。

商业银行内部竞争通常出现在网点之间、部门之间、员工之间。商业银行的内部竞争在一定程度上可以促进员工积极性提升、推动银行整体的发展，但是商业银行必须认识到内部恶性竞争存在的现实。

一、内部竞争的特点

内部竞争的特点如图1-4所示。

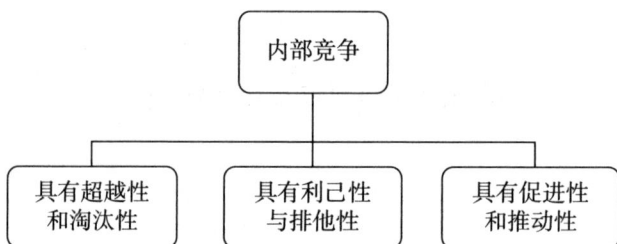

图1-4　内部竞争的特点

1.内部竞争具有超越性和淘汰性

在竞争过程中，定会出现优胜方。在商业银行的内部竞争过程中，存在的原则是"胜者任"，只有业绩与能力突出的网点、部门与员工才能得到更多的机会。在内部竞争进行的同时，优胜方会超越目标，甚至淘汰竞争方。

2.内部竞争具有利己性与排他性

商业银行内部竞争不一定只限于两方，也会存在与三方或者更多群体或个体间的竞争。不论竞争环境中存在多少竞争对象，它们都有一个共同的目标，即以自身利益为准，争取占据更多资源，站在最有利的位置。

3.内部竞争具有促进性和推动性

商业银行内部竞争可以给各网点、各部门、各员工带来紧迫感，与此同时，可以促进其产生动力。适度的内部竞争可以起到一定的推动作用，促进银行发展与进步，合理利用内部竞争对商业银行运营是有利的。

二、内部竞争存在的条件及原因

1.内部竞争存在的条件

（1）客观条件。

商业银行内部资源的有限性导致了竞争存在的必然性。一家商业银行、一个网点、一个部门的内部资源都是有限的，"优胜劣汰、适者生存"在商业银行内部同样适用，这促进了内部竞争的加剧。

（2）主观条件。

无论是商业银行企业，还是商业银行网点，最终业务指标会聚焦在每个员工身上。员工在主观上一定存在通过竞争达成的目标的认识，可以是升职加薪，也可以是收获成就感。

2.内部竞争存在的原因

如图1-5所示，内部竞争存在的原因有以下几点。

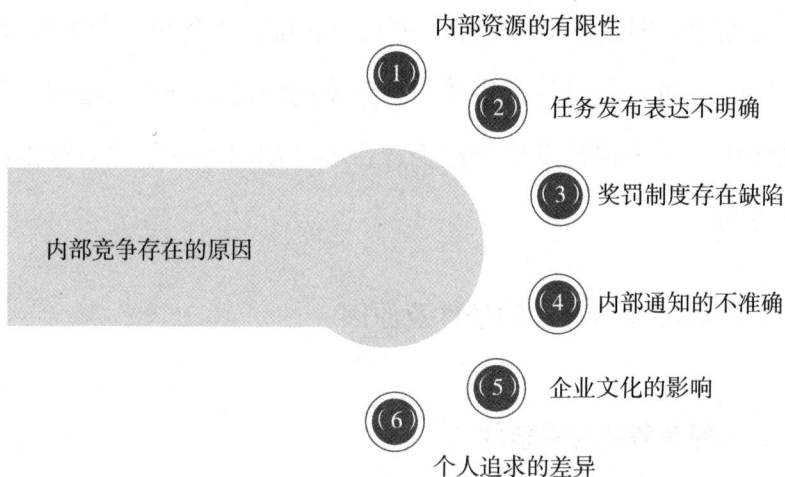

图1-5　内部竞争存在的原因

（1）内部资源的有限性。

商业银行内部资源是有限的，比如，在商业银行网点的某个部门内部，上级规定三位员工的任务是回访客户并询问客户再次办理业务的意向，对于整个网点而言，历史客户的数量是有限的，每个员工为了完成更多的指标，会加快回访速度，出现抢夺客户的情况，这样内部竞争便出现了。

（2）任务发布表达不明确。

上级发布任务表达不明确，比如，商业银行某网点的业务分为资产业务、负债业务和中间业务，在发布任务时，领导同时向三个部门发布了三个业务，没有明确规定具体某个部门负责哪项业务，这就使得每个部门都认为需要完成所有业务，为了提高业务完成的效率，会与其他部门产生资源冲突，这时各部门之间便存在了竞争关系。

（3）奖罚制度存在缺陷。

具体来说，就是只制定惩罚制度或奖罚制度不公平，比如，商业银行只看横向比较的结果，忽视纵向比较，如果所有员工都完成任务，选择速度最慢或业绩最差的员工进行惩罚，不关注员工比起之前的进步，这使得员工不再设定自己的目标，而是以超越他人为目标，这样便会激发内部竞争。

（4）内部通知的不准确。

内部通知或表达存在问题，比如，某商业银行发布通知指出有两位员工有获得升职加薪的资格，但并未表示两人可同时升职加薪。他们在收到通知后，会默认与对方存在竞争关系，为了给自己争取机会，便会通过超越对方来凸显自己。

（5）企业文化的影响。

每个企业都有自己的企业文化，一些企业文化可能会起到短暂的激励作用，但一定不是长久之计。针对商业银行而言，内部竞争有存在的必然性，但是企业文化的输出一定要掌握分寸。

（6）个人追求的差异。

"一千个人心中有一千个哈姆雷特。"每个人都有自己的立场、想法与追求。在商业银行的大环境当中，每个员工的追求会存在差异，有的人只想完成自己的任务以获得相应的薪酬，而有的人想要在完成个人任务的基础上实现提升或者突破，为了尝试完成更多的工作任务，这些人会因为有限的工作量而产生竞争。

三、商业银行内部恶性竞争的原因

商业银行内部恶性竞争的原因有很多，比如，各银行网点推出产品或者服务的重复、上级领导发布任务的不明确等。除此之外，不合理的考核机制、不正当的管理制度也会引起商业银行内部恶性竞争。人们往往能够看到各商业银行"光鲜亮丽"的表象，会认为其内部一定不会存在问题，其实，任何企业都无法避免内部竞争的出现，在管控不合理的情况下，就会出现内部恶性竞争的现象。因此，需要了解可能引起商业银行内部恶性竞争的原因有哪些，以及它们如何引起恶性竞争。

如图1-6所示，商业银行内部恶性竞争的原因有以下几点。

```
                商业银行内部恶性竞争的原因
                           ●
        ┌──────────┬────────┴────────┬──────────┐
        ●          ●                 ●          ●
       ①          ②                 ③          ④
   各网点重复产品出现  发布任务不明确      考核机制不合理   管理制度有问题
```

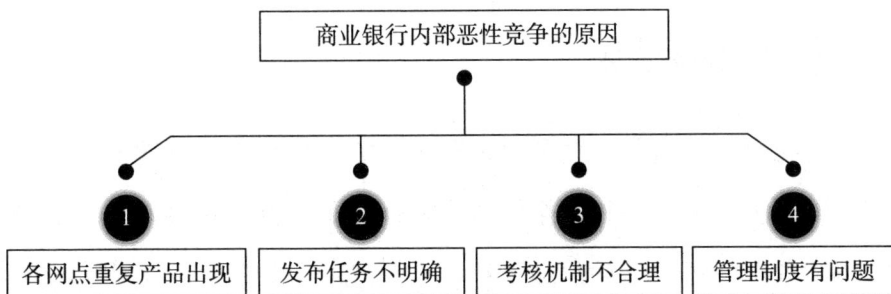

图1-6　商业银行内部恶性竞争的原因

1.各网点重复产品出现

商业银行产品服务类别是有限的，各网点在推出产品与服务时无法避免重复情况，为了完成更多的业绩目标，会出现恶意抢夺客户的现象。正当竞争对商业银行的内部发展是有益处的，但许多时候会出现不正当竞争，个别员工为了达到自己的目的而"不择手段"，这对会商业银行造成不好的影响。

2.发布任务不明确

一项任务的规划，大多会分为几个流程或者层级，每个部门或者员工都应该有各自的任务量，如果任务发布不明确，则会造成不同层级工作任务重叠，部门或员工为了更好地完成自己的分内工作，会导致针对有重叠部分的任务出现竞争情况。如果能够合理地处理规划任务，这样的竞争对商业银行是有好处的；反之，如果不能合理地处理规划任务，导致任务发布不明确的情况出现，就会引起恶性竞争。

3.考核机制不合理

在商业银行内部，大多会设置相应的考核机制，合理的考核机制可以促进员工之间和谐相处或者良性竞争，但个别商业银行的考核机制存在问题。比如，某银行规定员工的业务量，员工甲因家中有事请假两天，在月底结算时，领导以其未完成工作任务而扣除甲本月所有提成，并没有考虑到员工有两天无法工作，这样的结果就是每次请假的员工回到岗位也不会认真完成工作，这同时影响了其他员工的工作积极性。某商业银行规定员工请假并不影响最终考核，单日业务量排名靠前者可获得薪资奖励，有不少员工钻此项规定的漏洞，导致该银行员工为谁可以多请假而攀比，造成该银行总体业绩下滑。太过严苛或太过温和的考核机制都不适用于商业银行，所以商业银行只有制定合理的考核机制，才可以发挥出正当竞争的作用。

4.管理制度有问题

商业银行应该允许员工发挥监督作用。有些情况下，商业银行的领导层在管理下级部门时，不能做到严格要求自己，大部分人都希望自己的付出与收获成正比，员工看到管理人员的收获远超付出时，就容易产生不满心理。当产生不满心理的人数增多时，商业银行内部的工作氛围就会产生问题，员工会为了晋升到领导层岗位而恶性竞争，甚至会影响银行内部的管理政策运转。

四、内部竞争存在的形式

商业银行内部避免不了竞争出现，不可以绝对地认为内部竞争应该存在或不应该存在，在多数情况下，内部竞争的作用具有双面性，人们可以根据这些内部竞争对企业产生的影响将其存在的形式分为良性内部竞争与恶性内部竞争。良性内部竞争是指可以使所有竞争参与者都有所收获的一种竞争关系；恶性内部竞争则是竞争者之间存在冲突、矛盾等，导致缺乏积极性和动力，可能会影响企业运营发展的一种竞争关系。简单来说，良性内部竞争促进商业银行发展，恶性内部竞争阻碍商业银行发展。

对于商业银行内部而言，无论是发生在各网点之间的竞争，还是发生在员工之间的比较，参与竞争的个体或者群体都应该纵向地看进步，不是横向地盲目比较。各网点可以纵向地比较近期业绩与之前相比的上涨程度，各位员工可以纵向地进行自我评价，正确地看待自身的进步。横向比较很容易出现少数网点或员工的进步，多数网点或员工原地不动甚至是退步的情况。

在商业银行内部，这两种竞争形式都避免不了。内部竞争不一定会导致冲突，而一旦出现冲突，就说明恶性内部竞争已经产生。要正确地看待内部竞争，将它往良性的方向引导，不能因为缺少竞争而出现员工懒散、没有工作积极性的情况，也不能让恶性竞争或盲目比较引发商业银行内部的冲突，影响商业银行的发展。

商业银行核心竞争力的来源

商业银行的核心竞争力是指可以为商业银行带来竞争优势的资源。核心竞争力随着商业银行内部资源的整合与分配发生变化，依靠核心竞争力带来的动力，商业银行就可以在存在内部竞争的情况下依旧保持稳定发展，使得产品或服务的价值有条不紊地提升。想要合理利用核心竞争力产生的动力，就要思考商业银行核心竞争力的来源。商业银行核心竞争力的来源如图1-7所示。

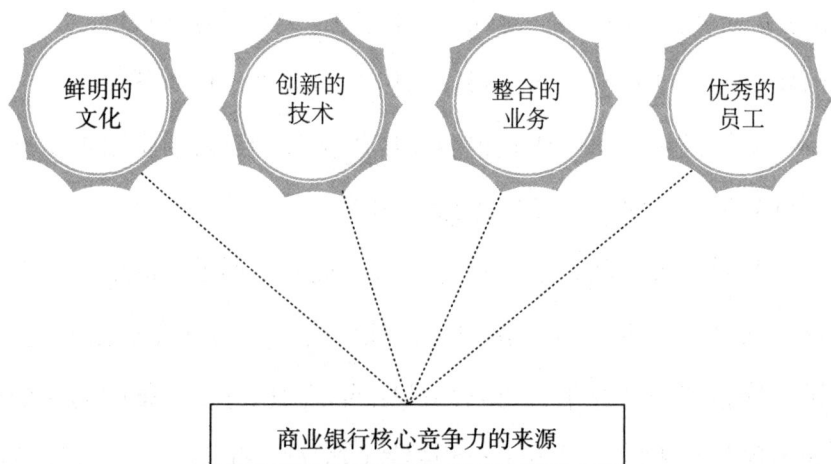

```
鲜明的        创新的        整合的        优秀的
文化          技术          业务          员工

          商业银行核心竞争力的来源
```

图1-7 商业银行核心竞争力的来源

一、鲜明的文化

企业文化是商业银行各级部门、各位员工相互作用而产生的理念总和，商业银行的企业文化可以简单地看作内部竞争参与者集体行为的表现。以共同的观念、行为方式整合而形成的企业文化，是商业银行核心竞争力的重要来源之一，它可以潜移默化地影响员工的行为方式，并可以在最终的运营模式和发展进程中被体现出来。不同商业银行的核心竞争力的表现形式有所区别，但不可否认，核心竞争力带来积极作用。随着大市场环境下科技与经济的发展，越来越多的商业银行开始重视核心竞争力的提升，力图将企业文化与核心竞争力融合得更加自然，希望使自身的发展前景更加明确。

二、创新的技术

商业银行的发展离不开技术的不断革新，产品与服务的竞争本质上是技术的竞争，只有掌握关键技术的创新，才可以保持竞争优势，所以要想提升核心竞争力，就必须把技术创新放在重要位置。没有适时更新的技术，商业银行的核心竞争力将会受到很大限制，在创新技术的过程中，要做到一直创新和敢于自我创新。

1.做到一直创新

商业银行的技术创新并不是一劳永逸的，随着当今社会科学技

术的快速发展，大众对产品功能的需求不断增加，产品更新的时间
间隔不断缩短。在过去可能需要几年才可以产出一些新的产品或服
务，在现在这样的速度已经不能满足消费者的需求，如此就产生了
一个现象——新产品的存在时间变短，产品更新的周期变短。在如
此变幻莫测的情形下，商业银行就必须做到常更常换，在延续产品
使用期限的同时促进整体发展。

2.敢于自我创新

商业银行的技术创新不仅指优化，也可以指推翻。多数情况下，
银行的产品创新是在原有的服务基础上增加或改变部分功能，但也
有某项产品的存在不具备太大价值，所以需要将其舍弃或者进行大
幅度创新的情况。与此同时，一般无法保证创新一定会产生价值，
可能创新的结果是大量资金的投入收效甚微，但必须肯定的是，如
果不进行创新，一定一无所获，所以商业银行需要具有承受创新失
败带来损失的能力，敢于自我创新。

三、整合的业务

整合商业银行业务是提升核心竞争力的一个措施，业务整合是
指将一些零散的业务整合到一起，形成一个功能齐全的新的业务。
随着大众对产品功能的高需求，商业银行如果还一如既往地选择单
项业务精练化就不是一个明智之举，商业银行应该把目光集中在部

分核心业务上，将这些业务进行整合，基于这些业务提升自身的核心竞争力。

在进行核心业务整合之前，必须明确核心业务有哪些，商业银行的基本业务包括存款业务、贷款业务与中间业务，所以可以适当地将这些业务整合到一起，尽最大可能满足更多客户的需求。产品存在的内部意义是实现自身的功能与作用，这与产品的开发息息相关，产品存在的外部意义在于满足客户的需求，产品优劣取决于客户的评价。商业银行应该结合企业内部的业务发展状况与资源配置，基于客户需求将资金合理投入整合业务中，从而促进核心竞争力的提升。

在核心业务整合过程中，应该注意盲目整合并不可取，可以适当地将一些功能整合到一起，但并不代表这些功能越多越好。在商业银行内部，各个网点、各级部门、各位员工都应该"有事可做"，所以需要将各项业务资源较为均衡地分配，资源合理分配才可以使整合业务的作用发挥到极致，这样才可以更大限度地提升商业银行的核心竞争力。

四、优秀的员工

优秀员工的存在对于处于发展阶段的商业银行而言，简直是"如虎添翼"，能够对企业的发展起到推动作用。商业银行只有重视优秀员工的培养，才能够提升核心竞争力，使发展节奏更加稳健。

优秀员工存在的必要性在于其可以维护客户资源并能够吸引客源（见图1-8）。

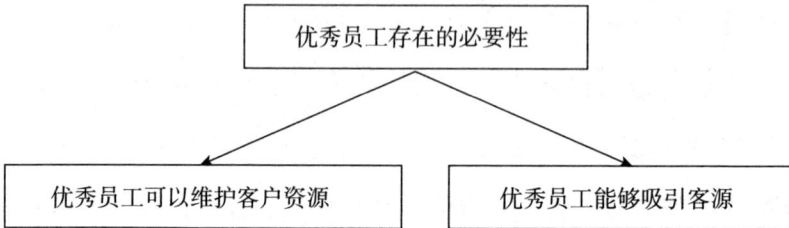

```
            ┌─────────────────────┐
            │  优秀员工存在的必要性  │
            └─────────────────────┘
              ↙               ↘
┌──────────────────────┐  ┌──────────────────────┐
│ 优秀员工可以维护客户资源 │  │  优秀员工能够吸引客源  │
└──────────────────────┘  └──────────────────────┘
```

图1-8　优秀员工存在的必要性

1.优秀员工可以维护客户资源

一名优秀的员工可以知晓客户的需求，能够为其提供有针对性的服务，得到客户的肯定，甚至是依赖。最终结果就是多数被优秀员工服务过的客户都会对该银行予以认可，这些客户在之后有需求时会更愿意选择优秀员工的二次服务或多次服务，员工的"回头客"便可以成为商业银行的长期客户。

2.优秀员工能够吸引客源

优秀员工会比普通员工更能得到客户的认可，能够吸引更多新的客户。在为客户介绍产品或提供服务时，优秀员工更具渲染力，能够吸引更多的客户关注，同时有机会引起旁观客户的注意，如此一来，优秀员工便能够为商业银行创造更多的价值。

商业银行的运营与发展离不开核心竞争力的提升，商业银行核心竞争力的来源主要有企业文化、创新技术、整合业务以及优秀员工，针对这些来源采取相应的措施，对商业银行核心竞争力提升有很大作用。当今市场环境下，商业银行外部竞争对内部竞争也产生了一定的影响，要想合理地控制内部竞争，提升核心竞争力势在必行。

第二章

商业银行内部合作与内部竞争

内部合作与内部竞争的含义

商业银行发展的关键在于内部运营情况，尽管人们知道银行在发展过程中，无论是动力还是压力大部分都来源于外部环境，但是商业银行最终的发展还是要依赖内部运营。商业银行只有合理规划好内部的相关情况，才可以全方面地应对在发展过程中遇到的各式各样的问题。商业银行内部既存在合作，又避免不了竞争，因此正确地认识和运用内部合作与内部竞争是商业银行实现进步发展需要思考的一个关键性内容。

一、商业银行的内部合作

1.商业银行内部合作的含义

商业银行的内部合作可以理解为相互协作的活动，是指几个个体或几个群体共同配合着完成一项或多项工作。内部合作是指团队内部通过合作一起来完成某项任务，在合作过程中，合作参与者可以不断提高自己的能力，能够为下一次需要完成的事项储备能量，随着合作次数的增加，团队完成任务的效率也会有所提高。

2.商业银行内部合作的方式

商业银行的内部合作可以分为同质合作和非同质合作。同质合作是指在一个团体内，大家的任务是一致的，合作的目的是实现量的改变；非同质合作则是指大家的任务存在差异，往往是环节上的不同，合作的目的是实现质的变化。同质合作与非同质合作的区别以下面的简单例子进行说明。

有一个苹果工厂，有果地4万顷，需要在苹果完全成熟之前将其全部采摘，果园共雇用了400个果农进行采摘，在此过程中，这400个果农需要共同将4万顷果地的苹果采摘完毕，并且所有果农做的是同一件事——采摘，这就可以理解为同质合作。

在该苹果工厂内，除了采摘，员工还需要将采摘下来的苹果悉数运输到工厂的仓库中，之后，会有负责加工的人员将这些苹果按照体积大小、成熟程度进行分类，后续会有负责包装的员工将已分类的苹果进行装箱。在这一系列的活动中，各环节的员工共同完成了苹果在售出前的所有任务，并且任务内容不同，这就是非同质合作。

商业银行内部也存在同质合作和非同质合作。比如，在同一个网点内，有若干个员工负责处理存款业务，这些员工需要共同完成这些任务，并且每个员工需要做的工作是相同的，所以是同质合作；在同一个支行内，有的部门负责金融业务，有的部门负责营销业务，这几个部门的工作内容会形成一个闭环，缺一不可，所以是非同质合作。

二、商业银行的内部竞争

1.商业银行内部竞争的含义

竞争是指某个个体或者某个群体追求胜过或超越对手的心理活动与行为表现。良性的竞争可以促进个人能力的提升、群体成果的获得；恶性的竞争则可能牺牲他人的利益、影响群体的长久发展。在当今社会，内部竞争在多数情况下会被认为是内卷，内卷被普遍认为是一个贬义词，往往会带来负面影响，但合理、正确地处理内部竞争可以促进企业发展，商业银行也不例外。

2.商业银行内部竞争的方式

内部竞争可以分为同质化竞争和差异化竞争。同质化竞争是指不同产品或服务在性能或营销决策上相似或相同，在此基础上形成的竞争；差异化竞争是指产品或服务差异化，形成自身特有的理念或形态，从而区别于其他竞品。针对商业银行的内部竞争而言，同质化竞争出现的情况较多，但往往差异化竞争对银行的发展才更有利。为了更好地发挥差异化内部竞争的作用，应该做出正确的战略措施。就现在商业银行内部发展的情况而言，差异化内部竞争可以分为产品差异化、服务差异化和人事差异化（见图2-1）。

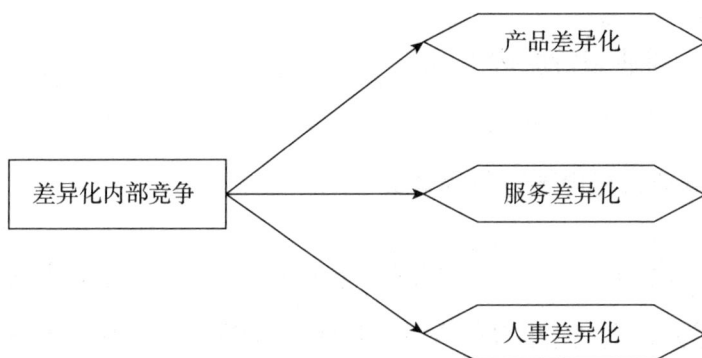

图2-1　差异化内部竞争的构成

（1）产品差异化。

产品差异化主要表现在产品的性能、设计、样式等多个方面，商业银行的产品绝大多数是无形的。主要有资产业务类产品、负债业务类产品和中间业务类产品。在商业银行内部，这些主要产品的服务内容基本相同，所以竞争仍然存在同质化，产品并没有表现出明显的差异化。面临现今存在的这些问题，商业银行必须制定相应的战略，比如，存款是商业银行负债业务中最重要的业务，针对这一业务，不同的银行网点可以设定不同的方案，可以在吸引客源上做出努力，也可以在稳固客源上有所突破，这样可以使商业银行内部出现多种产品形态，这些都将会成为银行发展的重要助力。

（2）服务差异化。

服务差异化主要表现在配送、咨询等方面，商业银行的服务集中体现在咨询服务和业务服务。对于同一家商业银行而言，不同网点的服务在性能相同的情况下可以形成不同的特色，比如，人们经常接触的线上咨询服务，在面对客户的咨询问题时，大部分员工是客观地回答客户的问题，其实很大一部分客户在咨询时会有表达不到位的情况，这时负责咨询服务的员工就不应该只是简单地回答问题，而是应该以探究式的态度询问客户需求，基于此不同员工可以形成不同的话术风格，从而区别于商业银行内部其他竞争者。

（3）人事差异化。

人事差异化的对象主要是商业银行的员工，在银行各岗位工作的员工不仅要具备相应的工作能力，也应该具有良好的品格和踏实的态度。能够为客户提供所需服务是对银行职工最基本的要求，不同的客户可能喜欢的服务态度、习惯的交流方式会存在差异，所以商业银行不必刻板地要求所有人保持一致的服务形式，每个员工可以有自己的服务特色，这样有差异的竞争可以为商业银行吸引并维护住更多的客户。

商业银行内部的合作与竞争并不一定是冲突的，两者总是同时存在并发挥着作用。在团队进行合作的过程中，每一个个体可以参与良性竞争，这种竞争不仅不会破坏合作的氛围，还可以有效提高团队积极性，在相互竞争的同时达成合作。有凝聚力的团队在面对竞争时才能更有底气与动力。因此，商业银行要想实现内部和谐发展，就不能只注重合作或者竞争，而是应该把两者兼顾，让它们合理地发挥各自的作用。

内部合作的作用

商业银行整体是由多个支行、多个网点、多个部门、多个员工共同组成的，在这样一个庞大的层级系统内部，合作是必然存在的。常言道："一根筷子易折断，一把筷子折不断。"如果商业银行能够将集体的智慧与能力集结到一起，使内部的所有个体都能和谐、友好地相处，时刻谨记"一荣俱荣，一损俱损"的理念，以集体利益为重，就可以最大限度地发挥集体的智慧，这对商业银行的整体发展有巨大的效益，能够促进发展速度加快。因此商业银行要注重发挥内部合作的作用。

内部合作的作用如图2-2所示。

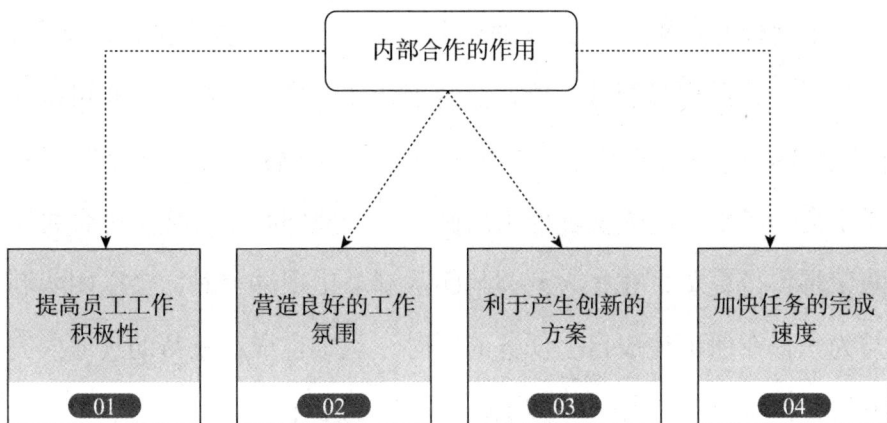

图2-2　内部合作的作用

一、提高员工工作积极性

团队合作在商业银行内部形成后，不同的人会有不同的心境，但最终的目标都是创造更大的价值，有的人是为了团队整体的业绩提升而努力，有的人是为了自己突出的能力得到更多认可而努力。无论是出于哪一种目的，内部合作参与者都会付出很大的精力，当没有达到自己预期的目标时，员工便会不断寻求方法提升自己，会选择向其他合作者请教学习，这样不仅能够提高合作亲密度，也可以提高员工的工作积极性，形成少数人的努力带动多数人进步的现象。

二、营造良好的工作氛围

不仅仅是商业银行，其他企业也会出现员工独来独往的情况，多数员工会以自身利益为重，而忽视合作的作用。内部合作可以使团队中的每位员工产生或多或少的责任感，在感受到自身的责任后，员工会为了承担个人责任而不断努力。与此同时，多数员工会将团队荣誉看得更重，在个人利益与团队利益出现冲突时，会以团队利益为先，在保证完成自己任务的同时，员工也很愿意帮助其他人完成任务，从而营造出一个积极向上的工作氛围。

三、利于产生创新的方案

内部合作就是将个体的智慧集合成一个创新的方案，对于商业银行而言，加强合作就可以将每个员工的想法聚集起来，使多元化的思维得到整合，最后根据银行的特征形成合适的产品或服务。针对目前不断加快发展速度的商业银行，内部合作有利于创新方案的形成，各位员工可以做到集思广益，产生各式各样的想法，商业银行经过筛选与组织便可制订合理的新颖方案。

四、加快任务的完成速度

商业银行的发展壮大不可能仅仅靠一个人的努力，而是需要整个团队的共同付出。一个人的能力与精力都是有限的，对于商业银行而言，良好的运营机制需要多个层级的共同参与，每个层级的工作任务会有所区别，并且任务量也会稍显庞大，所以就需要由领导层将这些任务合理分配给不同层级的人员来分别完成。将整体的任务分解成若干子任务，是为了提高员工的工作效率。与此同时，员工要注重任务的关联性，要适当地加强内部合作，从而更加全面地掌握相关信息并加快完成任务。

商业银行在分配具体任务的过程中，需要加强内部交流，不仅领导层的决策与通知会起到重要作用，内部合作的所有参与者都应该具有发言权，每个人的意见都可能影响最终决策。加强商业银行内部合作与交流，可以促进信息传递速度的提升，有利于形成民主化决策。

商业银行的发展不可能单单依靠一个人、一个部门，理应利用个体的能力、智慧为团队创造优势，这样可以使得个人效益随着集体业绩的提升而增加。常言道："没有完美的个人，但可以组成完美的团队。"集体的发展离不开每个人的努力，个体的进步也需要依靠团队的力量。每个人在商业银行的大集体中都扮演着不同的角色，有的人是执行者，有的人是领导者，只有每个层级的内部合作参与者做好自己的分内工作，才可以促进集体利益的攀升。规模越大的商业银行，内部涉及的群体及个体就越多，内部的团结与协作可以发挥很大的作用。内部合作的参与者需要具有凝聚力，大家应该有共同的目标，能够为了共同的利益而付出努力。

内部竞争的作用

商业银行内部在发展运营过程中不可避免会出现竞争，可以是部门之间的竞争，也可以是员工之间的竞争。有人盲目地认为竞争的存在会抑制商业银行的发展，但不存在竞争的企业犹如一潭死水，会在稳定中逐渐干涸。竞争无处不在，压力也会随之产生，有压力才会有动力，所以商业银行内部竞争有存在的必要。在竞争关系下，同一个网点的各个部门之间、同一个部门中的各位员工之间会有相同的目标，但是存在不相容的情况，往往是因为资源是有限的。绝大多数员工都有好胜心，正因为个体对实现目标有渴望，竞争才可以发挥出激励作用。在合理的竞争机制下，商业银行的内部竞争可以极大发挥正向作用，所以正确处理内部竞争极为重要。

内部竞争的作用如图2-3所示。

一、激发员工潜力

在处于竞争的情况下，人会陷入紧张的情绪中，这可以促进更多潜力的发挥，下面以一个案例来说明。

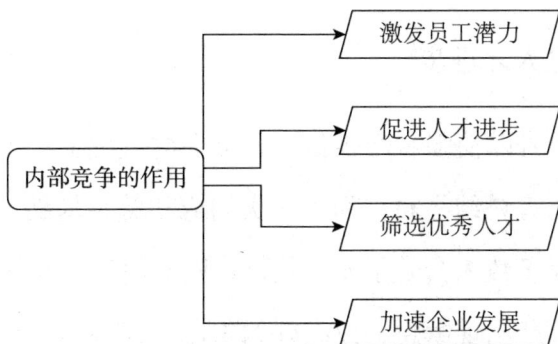

图2-3 内部竞争的作用

　　在某个部门里，领导给每个人下达的任务量相同，员工最终的任务完成量必须高于或等于规定量，在长时间内，员工A与员工B都按量完成任务。但在4月，员工A超额完成任务，员工B依旧按量完成任务。在看到员工A通过努力获得提升后，员工B也尝试着突破自己，终于在6月，员工B也超额完成了任务。在之前的很长时间里，员工B一直觉得自己的能力与下达任务量处于平行水平，在与员工A的比较竞争过程中，员工B成功地挖掘到自己更多的潜能。

　　从以上案例可以看出，员工在看到竞争者进步的时候，会不自觉地发挥自己潜在的能力，在较短时间内实现自身能力的突破，可见内部竞争可以激发员工的潜力。

二、促进人才进步

内部竞争可以使强者产生信心，从而树立更加长远的目标，也可以使相对弱者总结经验，为下一次的成功奠定基础。在没有竞争的情况下，大多数人会处于安逸状态，随着时间的推移，商业银行的员工也会逐渐出现懈怠，没有外力推动，仅靠员工自身的能动性很难提高工作效率。

一家国外大型企业的老板十分懂得利用员工的竞争心理，以此激发员工不服输的情绪，促进员工进步，提高工作效率。约翰和杰克是这家企业中能力较为突出的两名员工，他们之前以自身工作为中心，并不关心其他人的工作进度。某天，老板询问约翰："约翰，为什么杰克可以那么快速度完成我分配的任务？"第二天，老板在碰到杰克后询问："杰克，为什么约翰完成任务的效率那么高？"老板的话激起了两人的竞争心理，他们暗下决心，一定要超过对方。之后，老板在出差前给两人分配了任务，出差中还给他们分别留了言。

过了几天，老板出差回来，他问约翰："收到我给你的留言了吗？"

约翰说："收到了。"

老板又问："那我交代的任务你完成了吗？"

约翰说："在收到您留言之前我就已经完成了。"

老板与杰克的对话内容大致相同。经过具体了解，老板得知两名员工都早早地完成了自己的任务，并且与之前相比，效率明显提高了不少。正是内部竞争，促使两名员工不断进步。

可以说，每个人都有不服输的精神，在看到与自己能力水平相当的人有所进步的时候，便会为了实现自身进步而不断付出努力。这家企业的老板正是利用了员工的这种心理，他为实力相当的员工寻找了强劲的对手，有效提高了员工的工作效率，促进人才进步。这种方法能够适用于多数企业，商业银行也可以合理地利用员工的竞争心理。内部竞争可以促进员工进步，对银行的发展起到重要作用。

三、筛选优秀人才

随着银行业的不断发展，行业人才市场出现供大于求的情况，但并不是所有人都适合从事相关工作，难免会存在能力薄弱者。商业银行的内部岗位并不会遵循"一个萝卜一个坑"的规则，"能者上"的准则更容易筛选出优秀的人才，对银行的整体发展也更有益。内部竞争机制的出现使得商业银行内部逐渐产生优胜劣汰。随着能力薄弱者的淘汰，银行的部分岗位会出现空缺，此时可以适当引进一些人才，既能够提高员工的平均水平，又可以提高企业内部的活力。

四、加速企业发展

内部竞争可以增强动力，各位员工在竞争过程中能够逐渐理解并践行企业文化，这种文化同时受员工的工作态度影响，是积极向上的。商业银行的内部良性竞争可以激发员工的能动性，在一定程度上可以提高劳动生产率，加速企业发展。这里的劳动生产率并不单单指产品的推出进度，广义的劳动生产率代表商业银行所有产品与服务的输出比率。

一家即将面临倒闭的工厂出于一些外力因素，频繁地更换了领导层人员，花费了大量的人力财力，非但没有走出危机，反而越来越往下走。就在所有员工担忧是否会失业的时候，工厂新任总经理召开了一次集体大会，他在绞尽脑汁之际，发现了问题所在：所有员工都愿意听从上级的安排，却从来没有发表过自己的意见。基于这种情况，总经理提出了一条新规定：员工可以参与工厂管理，对各个领域提出合理的建议，如果工厂采纳了某个建议，还会给提出建议者发放奖金。在之后的几次会议上，各位员工为了推出自己的方案而大胆发言，并且在出现意见分歧时也能够据理力争。数月后，在总结采纳了可行方案后，工厂的发展也步入稳定状态。自此之后，这种具有竞争性的企业文化在该工厂一直发挥着作用。

商业银行在处于稳定运营阶段时，内部员工的关系很容易出现一种过于"平和"的状态，员工抱着能避则避心态，无论出现何种情况，这些员工都无关痛痒。这是一种畸形的工作态度，很容易导致银行陷入故步自封的危机之中。商业银行应适当地激起内部竞争，员工感觉到危机，才可以不断地完善自身能力，为商业银行发展进步做出更多的努力。

内部竞争并不是"内卷"，是适当地比较与激励，没有竞争的商业银行，就如同没有电力的发电机，会失去发展的动力。认识到内部竞争的重要性，并合理地利用员工的竞争心理，可以最大限度地促进员工能力的提升，从而可以推动商业银行的发展速度。因此，不能直接否定内部竞争的存在，商业银行应该在肯定其存在意义的同时建立起合理的内部竞争机制。

第三章

内部竞争模型

PEST模型

在商业银行内部，竞争可以起到激励作用，能够促进员工能力提升，进而提高银行整体的业绩，有效推动银行发展。但是，人们并不能否认恶性的内部竞争会影响员工积极性，给银行造成不好的影响甚至是巨大损失。为了更好地掌握商业银行的内部竞争情况，有必要了解银行运营所处环境的相关情况。

一、PEST模型分析

PEST模型经常被用来分析企业的外部宏观环境，商业银行可以根据处于经济市场中的地位及自身的经营情况，有针对性地了解环境情况。PEST模型可以从政治环境、经济环境、社会环境和技术环境四个方面对商业银行外部环境进行分析（见图3-1）。

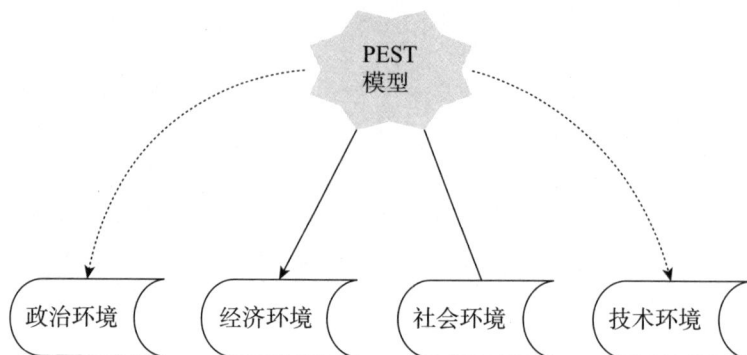

图3-1　PEST模型

1.政治环境分析

银行业作为一个存在历史悠久、发展势头稳定的潜力行业，与之有关联的法规也在不断完善。例如，《中华人民共和国商业银行法》的作用主要是保护商业银行、存款人和其他客户的合法权益，规范商业银行的行为，保障商业银行的稳健运行。就目前的情况来看，银行业的发展得到较高的关注，这样的环境对商业银行的发展也更有助力。

2.经济环境分析

对经济环境的分析主要从宏观和微观两个方面出发，商业银行宏观经济环境分析主要是从整个行业所处环境进行分析，如银行业总体盈利水平、发展规模的扩大速度等。商业银行微观经济环境则集中分析某一家银行的服务针对的地区内已有客户和潜在客户的薪资收入、消费水平等情况。在思考商业银行内部发展问题的过程中，探究微观经济环境是重中之重，诸多有待分析的因素决定着商业银行的运营规模及发展前景。

3.社会环境分析

社会环境主要是指社会文化环境，包括商业银行所在地区的居民整体文化程度、价值观念情况等，这些因素也会对商业银行发展造成一定的影响。在经济水平发展较为缓慢、教育水平相对落后的地区，大部分居民的基本生活目标是维持生计，可能并没有太多的资金投入商业银行的服务之中。另外，就商业银行最基础的储蓄业务而言，在个别地区，由于受根深蒂固的传统思想影响，居民盲目地认为将现金放置在自己手里掌管才是最安全的，他们并不认可银行账户储存的安全度，更意识不到银行服务的便利性。在类似这些地区实行商业银行的运营与发展，就很难获得实质性的进步。

4.技术环境分析

随着银行业的不断发展，该行业出现了一种"入远超于出"的现象，即会有企业因为诸多原因选择退出竞争圈，但有更多的企业想要在市场分一杯羹。所以在这样竞争膨胀的情形下，市场发展对商业银行产品创新的要求逐渐提高。商业银行只有不断更新产品与服务，才能在真正意义上实现从量变到质变的转化，将对员工繁重任务量的要求逐渐转变成对新的产品与服务的追求。

二、内部环境分析

竞争会以不同的形式存在于各个企业之中。无论是竞赛、晋升等显性竞争，还是能力评价、公布业绩等隐性竞争，都对商业银行的发展有很大影响。商业银行的内部竞争可以提高员工工作积极性，能够在很大程度上推动企业逐步发展，在肯定竞争积极作用的同时，并不能否认恶性内部竞争会对商业银行发展造成不利影响。所以合理分析企业内部环境相关情况尤为重要。商业银行的内部环境包括有形部分和无形部分，有形部分主要是指可以直接表现出来的资源，如规章制度、薪资规定、财务状况等；无形部分主要是指无形的对企业和员工存在影响的资源，如企业文化、工作氛围等。无论是有形部分还是无形部分，对于商业银行而言，可以大致归类为三个方面，即规章制度、发展现状以及企业文化。

1.规章制度分析

商业银行的规章制度包括的内容很多，如薪资规定、奖罚制度、纪律制度等。只有制定明确、公平的规章制度，才能保证员工日常工作稳定进行。常言道："没有规矩，不成方圆。"商业银行要想实现企业的正常运营，就必须保证所制定的规章制度具有合理性、公平性。每个员工都是平等的个体，都应该受到平等对待，当员工感受到机制公平的时候，才会更加有进步的动力。

2.发展现状分析

商业银行的发展情况可以表现在运营状况、财务状况、创新能力等方面。稳定正常运营是企业健康发展的体现，企业的财务状况可以直接反映业绩情况，而拥有越强创新能力的企业往往越能够实现长远发展，商业银行也不例外。因此，关注商业银行内部运营状况、合理分析财务状况、努力提高创新能力是商业银行当前发展应当注意的重点方向。

3.企业文化分析

企业文化是企业的外在表现形式，同时影响着企业内部的运营情况，这里的企业文化不单单指简单的员工的共同思想，也包括内部竞争情况、整体工作氛围等。企业文化不应该出现分化现象，不能在同一个商业银行团队内出现不同的文化认知，大家的目标应该保持一致性。竞争的存在无法避免，如何使内部竞争最大限度地发挥正向作用，是商业银行管理者需要着重思考的问题。工作氛围影响人的情绪，和谐自然的工作氛围能够让员工感受到舒适的办公环境，可以有效提高员工工作积极性。

商业银行既兼顾着企业内部环境，又处于行业外部环境之中，清楚所处环境的详细情况对其发展有很大益处。要想发挥内部竞争的作用，不仅要知晓在商业银行内部环境中各种因素对运营情况的影响程度，还要明白整个行业的发展状况同样会对商业银行内部运营产生不小的影响。全面认识、分析商业银行内外部环境情况是促进商业银行更快发展必须迈出的一大步，只有掌握较多全面的信息，才可以保证商业银行在大市场环境中屹立不倒。

部门内竞争

一家商业银行会有多个支行、多个网点。在银行内部，部门内竞争可以理解为某个支行网点内部的竞争情况，是指在提供同类服务的基础上提高个人服务能力，达到靠抢夺资源提高自身业绩的目的。商业银行部门内竞争是指不同小团队或个体之间的资源竞争。商业银行原有客户市场是有限的，员工为了扩大客源会选择寻求更多可服务群体；在无法扩大市场时，提高服务质量成为员工增强个人竞争力的一个最佳选择。员工可以通过优秀的服务能力得到更多客户的认可，从而达到稳定客源的目的。

一、部门内竞争的形成

在商业银行内部，同一个支行网点内所能提供的产品与服务是基本相同的，产品与服务的组合可以满足客户需求，这些组合存在一定的差异，但大方向上并不会有太大差别。在此情况下，客户的选择在很大程度上决定着员工的最终绩效。在提供的产品及服务性能接近的条件下，员工的个人能力会起到主要作用，往往能力突出的员工会处于有利地位，而能力薄弱员工则很容易处于不利地位。甚至在某些时候，为了能够超越能力优势者，部门内会出现小团队共同合作的情况，这些员工合作大多是冲着"共赢"出发的。

二、部门内竞争的影响

部门内竞争的影响分为积极影响和消极影响（见图3-2）。

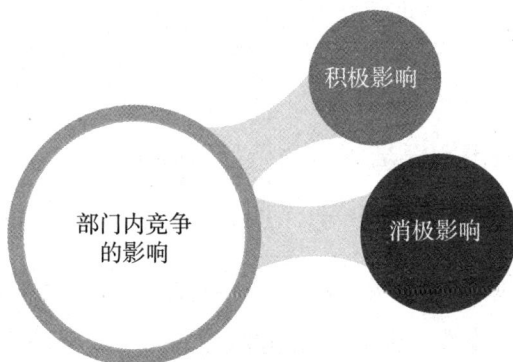

图3-2　部门内竞争的影响

1.部门内竞争的积极影响

部门内竞争可以促进商业银行内部员工工作积极性的提升，基于追求更快进步的目标，各位员工会产生超越他人的欲望，个人的努力最终便会体现在业绩上。正确的利用并发挥部门内竞争的积极作用，可以提高生产力，能够促进商业银行稳定运营。

某支行设定了多元化的竞争方案，其中有一个方案具体内容如下。

任务方案：7天为一个周期，统计每位员工的当面服务话术及电话营销情况，主要记录个人的拜访量和电话量，这些数据由领导层人员进行统计汇总，最终绘制数据报表。

激励方案：将最终统计出的数据报表按照员工的任务完成量进行排序，排名靠前的几位员工可以得到从10元至5元递减的奖励红包。

该支行的员工或许是为了获得最终的奖励，也可能是因为排名靠前可以提升自我认同感，选择加大任务完成量。在商业银行的内部，并不是时时风平浪静、和谐共处，也会存在诸多竞争，认识到部门内竞争的重要性，制定合理的制度来制约内部竞争的恶性影响，在很大程度上可以保证商业银行的稳定发展。与此同时，比起制约内部竞争的恶性内部竞争的影响，发挥积极作用更加重要，良性内部竞争可以提高员工的工作积极性，商业银行的发展离不开每位员工的积极向上的工作态度。

2.部门内竞争的消极影响

商业银行内不同员工有自己的服务特色，也能制订适合自己的工作计划，为客户不断服务的过程也是员工探究服务技巧的过程。随着内部竞争的加剧，员工会对有限的资源进行抢夺，虽然商业银行的服务对象可以扩大范围，但是不少员工会被眼前的利益麻痹，为了实现个人业绩的提高，很容易忽略团队的利益。部门内竞争可以促使员工感觉到危机，在压力刺激的情况下，员工可以在一定时间内实现自我能力的提升，与此同时，由于不愿他人具备与自己抢夺资源的能力，这些员工大多不愿意将自己的能力提升技巧分享出来。往往员工个人的进步并不能对企业发展产生太大影响，只有团队整体进步，才可以促进商业银行的大力发展。所以当员工因为自身利益而忽视团队重要性，很可能会延缓商业银行的发展速度。

商业银行网点的整体运营离不开每位员工的不懈努力，在完成自己分内工作后，员工可以选择帮助他人。随着部门内竞争的加剧，银行员工会产生危机感，可能会在竞争压力下摒弃团结互助的理念，选择漠视其他员工的能力滞后。

部门内竞争很大概率能够激发员工的潜力，使其在压力中成长，从而做到不断提高工作能力，为商业银行的发展进步付出努力。了解部门内竞争存在的必然性，合理运用并发挥其积极作用，可以成为商业银行稳定发展的一个良策。

部门间竞争

在同一地域范围内，商业银行的多个支行、网点之间会存在一定的竞争，为了提高总体业绩水平，商业银行并不会制约这些竞争的产生，商业银行的部门间竞争主要是指不同网点或者不同网点中各部门为了获得更高利益而产生的竞争性行为活动。商业银行的产品输出主要是为客户提供业务服务，在整个市场环境中，部门间竞争是客户资源在各部门之间流转与分配的过程，并且在竞争过程中逐渐确定资源分配。部门间竞争在商业银行中主要表现为服务提升和业务创新，一味地墨守成规不可取，不断提升服务质量、注重业务的创新能够增强各部门的竞争能力，利于商业银行的发展有利。

一、部门间竞争的形成

商业银行的客户资源在一定的周期内会发生流动，伴随着这些变化的产生，位置相近的支行网点或同一支行各部门为了维持原有的客户基础，会在提升自身能力的同时与其他同一层级网点或部门产生竞争。因为客户资源不是固定不变的，客户意愿是主观的，不受惯性影响。通常情况下客户会选择在同一部门长久性提出需求，但也有少部分消费群体会选择变换部门寻求服务。这些变化对于各部门而言就是客户流失，面对这些流失的客户资源，各部门为了维持稳定的业绩目标，就不得不采取办法吸引新的客户，在总体客户资源不变的情况下，如此便会产生竞争。换言之，对于没有客户流失情况发生的部门而言，为了提高业绩，可能会采取措施吸引更多客户，一个部门的客户增加在很大程度上意味着另一个或者几个部门客户的流失。

部门间竞争会给商业银行各部门增加压力，但同时可以有效地激起员工的工作动力，多个员工的智慧与努力能够形成强大的凝聚力，在争夺有限的客户资源的过程中。各部门可以尝试拓展可服务人群的范围，这对于商业银行整体而言是有利的。

二、部门间竞争的影响

1.部门间竞争的积极影响

部门间竞争可以保证在一定期限内，商业银行的客户资源与部门服务能力基本形成正比，使有限的客户资源在各部门之间得到合理分配，使银行内部的运营呈现稳定和谐的状态。从最终成效来看，部门间竞争的积极影响主要表现在三个方面，分别是提高整体工作效率、营造积极紧张氛围、有效控制客户流失（见图3-3）。

提高整体工作效率

部门间竞争的积极影响 —— 营造积极紧张氛围

有效控制客户流失

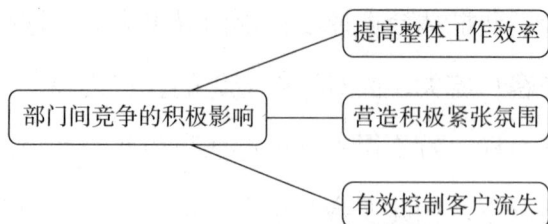

图3-3　部门间竞争的积极影响

（1）提高整体工作效率。

部门间竞争会随着商业银行运营规模的扩大而逐渐加剧，秉持着由小及大的原则，各部门会因为竞争的加剧而不断调整员工的工作任务，逐渐使任务分配情况清晰化，在关注细节的基础上，逐渐提高部门整体的工作效率。在每个部门都注重工作效率的情况下，商业银行整体的业绩会出现较快提升，能够更高效地发展壮大。

（2）营造积极紧张氛围。

随着商业银行发展速度加快、规模逐渐扩大，在企业内部会出现新的部门，这无疑会给原有部门带来一定的压力。形成各部门不仅要面对新增竞争对手的压力，还不能忽略原有竞争者的进步与壮大，受双重压力的影响，各部门间逐渐形成一种积极紧张的氛围，在这样的氛围下，各部门的员工需要保持高度的警觉性，以最佳的状态维持部门的稳定运营。

（3）有效控制客户流失。

如果没有竞争者带来的压力，面对客户的需求，可能会有部分员工以懒散的态度应付了事，诸如此类事情不断发生，会直接影响用户的消费体验，对商业银行的发展有百害而无一利。部门间竞争不同于简单的个人竞争，而是类似于不同群体之间的竞争。为了团队的利益，各位员工必须以高度的责任感来对待自己的工作，面对其他部门带来的压力，各部门成员需要有针对性地提高自己的服务能力，这会直接体现在用户服务之上，客户能够得到细致、周到的服务，自然会提高满意度，这样便可以实现抑制客户流失的作用。

2.部门间竞争的消极影响

在团队利益的驱使之下，部门间竞争会带有一定的盲目性和自发性。盲目性是指为了给所在部门吸引更多客源，有些员工会陷入盲目的竞争状态之中。这些员工可能会产生恶意抢夺资源的念头，在维持部门利益的同时，却忽略了商业银行整体的利益，有时甚至会做出损害其他竞争部门利益的事情。一个部门业绩的提升如果是以银行整体收益的下降为代价是极其不合理的。自发性是指竞争是员工主观意识下产生的行为，并不是在规定下形成的。在为客户提供服务时，员工需要把握一个合适的度。受恶意竞争思想影响，各部门员工会为了获得更多客源而采取措施，但这些措施不可以影响到客户体验。例如，某部门要求每月的办理业务量只增不减，员工为了部门整体的利益，选择与其他部门员工争抢为客户办理业务的机会，员工言语竞争的过程，严重延迟了客户办理业务的速度，这使得客户感到不悦。这样的情况下，不同部门员工的恶性竞争非但没有为所在部门带来新的客户资源，还很有可能导致商业银行客户的流失。

部门间竞争的力度会随着商业银行规模的扩大而增大，会对商业银行的运营发展起到不小的作用，有时候可以促进发展，有时候也可能会影响运营。有些部门会以商业银行整体发展为出发点，在提高部门利益的同时，选择在维持银行利益的基础上采取措施；有些部门则以自身利益为主，内部员工为了所处部门的收益增加会盲目使用竞争手段，忽视商业银行整体利益而因小失大，"捡了芝麻，丢了西瓜"。由此可见，商业银行要想发挥部门间竞争的积极作用，就应该让下属部门将商业银行整体效益放在首位，并且鼓励员工采取正当措施竞争。

第四章

内部竞争的关键点

让员工成为"领导"

员工是企业的关键力量，一个企业由诸多员工组成，企业的发展离不开每位员工的努力。对于商业银行而言，内部竞争是可以维持发展运营活力、促进员工进取努力的有效手段。商业银行可以适当让员工成为"领导"。

一、"领导"是一种能力

在商业银行的职场环境中，大多数人会认为"领导"是一个职位、代表一种权力。其实"领导"并不能简单地被看作上级对下级的管理活动，如果只有这样片面的认识，是无法真正发挥员工的作用的。"领导"更应该是一种能力，拥有相应能力的员工，可以在自己的职位上发光，也可以在整个团队中发热，对商业银行的发展起到积极的促进作用。

1. "领导"是一种思考能力

员工在工作的同时应该时刻保持思考的习惯，不能简单地认为完成自己的任务目标就"万事大吉"。有些在商业银行工作的员工觉得自己每天在固定的工作岗位上重复同样的工作内容，并没有什么创新空间。面对自己熟悉的工作，员工会感觉并不需要有过多的思考。相反，他们甚至认为可以不用思考，靠着长久的肌肉记忆便可以顺利完成工作。但是创新都是在原有的基础上产生的，所以员工应该边工作边思考，在熟悉的工作内容中发现值得创新的东西，也可以分享给其他员工，这样可以有效地促进团队工作保持一定的新颖性。一个员工的思考可以影响其他多个员工的工作态度，所以员工可以"领导"自己，也可以"领导"他人。

2. "领导"是一种进取能力

员工要看到自己的发展性，商业银行并没有规定员工需要固定做某项工作或一直待在某一岗位，所以员工应该积极进取，在竞争中成长进步。银行的岗位是固定的，但岗位对应的员工会出现经常性变动。在内部竞争影响下，员工的流动性逐渐变大，为了实现晋升、待遇提高，员工会在工作的同时发展自己，从而不断提高自己的职业素养与工作能力。银行员工应该保持居安思危的意识，不能认为做好本职工作就可以了，而是应该明白竞争不等人，原地不动可能会面临淘汰，如果想稳固或提升自身职位，就要不断提升自己的能力。与此同时，少数员工的努力取得了进步，就可以激起其他员工的进取心，所以说一个人的进步可以"领导"一群人的努力。

3. "领导"是一种奉献能力

在商业银行内部环境中，有不少员工会固执地认为做好自我管理就可以了，从而忽视所处环境的重要性。员工首先需要明白，企业存在，岗位才会存在，员工才可以在岗位上工作。所以对于部分员工为了达到自我进步的目的而忽略团队利益的行为，员工是应该坚决摒弃的。

某商业银行支行连续很长时间内新员工的离职率居高不下，有很多离职员工表示："我刚入职，对很多工作内容不是很熟悉，但是大家都很忙，没有人花时间指导我，但我自己又摸索不出来方法，所以还是觉得自己不适合从事这项工作。"

在长期缺少员工的影响下，该支行员工不能在工作时间内为客户提供周全的业务服务，引发了客户的强烈不满，导致出现严重的客源流失。为了解决新员工离职问题，该支行成立了观察小组，经过一段时间的观察，发现每当有新员工入职，诸多老员工只是专注于自己的工作，在闲暇之际，大家也只是低头做自己的事情，并不会关注新员工的工作状态。有新员工请教的时候，多数老员工并不是太愿意进行细心的指导。

为此，该支行领导人员开展集体会议，向所有员工分析了问题所在。自此之后，新员工加入后便会在大家的悉心指导下很快可以顺利上岗工作，能够为客户提供周全的服务。

从上述案例中不难看出，银行员工如果只是专注于自己的工作任务，不愿意为能力薄弱者做出指导，有时候会影响整体的服务运营状况，所以有能力的员工应该有所奉献。

二、培养员工的"领导"能力

要想让员工成为"领导"，只有简单的言语上的鼓励远远不够。因为言语上的鼓励往往容易浮于表面，如果没有采取实际的行动，很可能导致员工知道可以做、需要做，但没有动力做的状况。商业银行如果想让员工通过努力具备"领导"能力，就需要用方法去引导员工发展，逐渐培养员工的"领导"能力。

如图4-1所示，培养员工"领导"能力的方法有以下两种。

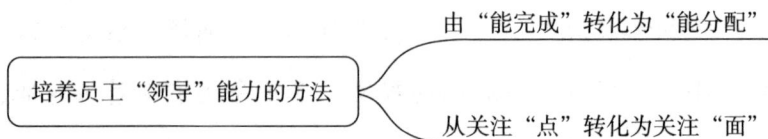

```
                                    由"能完成"转化为"能分配"

  培养员工"领导"能力的方法

                                    从关注"点"转化为关注"面"
```

图4-1　培养员工"领导"能力的方法

1. 由"能完成"转化为"能分配"

拥有"领导"能力的银行员工不一定符合"领导"标准，这些员工可以将一项工作分成几个部分，并有规律、有层次地完成，但他们可能并不会想到可以将这些任务分配给周围的员工。其实，面对任务量较大的工作，诸多员工可以形成一条简易的"流水线"，将一项大型的工作进行细分，不同的员工只需完成自己的那一部分即可，这样能够有效地节省时间。能够分解工作任务的员工具有"领导"能力，而能够将工作任务分解后再分配的员工则符合"领导"标准。

甲和乙可以独立完成生产、包装、售卖等一系列工作，其中，甲选择一个人承担所有的工作，乙选择雇用分别具有这些能力的员工有针对性地完成每一项分解出来的工作。最后，甲只能经营着一个小小的店面，而乙成立了自己的企业，并且开设了连锁分店。在此过程中，甲做到了事事亲力亲为，乙却变成了"甩手掌柜"。拥有"领导"能力更能适应市场发展，更能实现目标，创新高。

商业银行愿意为具有"领导"能力的员工提供表现机会，其不仅想看到员工如何能够一个人完完整整地完成任务，更想看到的是这些员工如何分配日常的工作任务，使得诸多繁杂的任务可以有条不紊地完成，并且提高速度。内部竞争确实可能造成一些紧张的工作氛围，但并不代表员工应该"吝啬"，越是有竞争，员工才越需要保持清醒，在提升自己的同时关心银行的整体利益。

2.从关注"点"转化为关注"面"

在日常工作中，员工会发现难免遇到问题，大部分员工会将目光定格在自己的工作上，思考该怎么解决这些问题，寻求解决的办法，并且认为解决了眼前的问题就可以万事无忧了，并不会考虑问题根源。如果想要成为"领导"，就需要关注大方向问题，比如，为什么会出现这些问题？在探究问题源头的过程中，员工可以将一直以来遇见的问题进行归纳分类，这样做的目的不仅是解决问题，更主要是从根本上杜绝重复问题的出现。

三、"领导"者要重视团队

并不是所有的银行员工都符合成为"领导"的标准，这里的员工成为"领导"可以理解为允许"头部员工"的存在。在商业银行内部通常会有"小团体"的存在，当然，这并不是贬义的拉帮结派，实际含义是员工之间可以营造一种互帮互助、相互监督的工作氛围。一个工作节奏相对统一的"小团体"的组建，一定需要引领者，可以是一个，也可以是多个，这些员工不仅要具有独立完成自己工作任务的能力，还要做到在竞争环境中保持热忱的态度。内部竞争固然可以促进员工进步，员工成为一位成功的"领导"也确实会有成就感，但是也应该明白，并不是自己独善其身就能够带动他人进步，而是要愿意付出真心帮助别人，才能得到别人的认可。若想成为一个合格的"领导"，银行员工就必须设身处地关注团队的利益，要做到敢为人先，也要以人为先。

员工的每一分付出汇聚到一起，就可以成为商业银行发展进步的中坚力量，每位员工既是企业的组成部分，同时是一个独立的个体，每一个个体都拥有自己的主观思维。所以固化的思维不可取。商业银行应该适当地让员工"放松"，为员工提供表现自我的机会。让员工成为"领导"，可以更好地激发员工潜能，很有可能迸发出新的火花，从而推动商业银行发展。

让员工拥有使命

商业银行的发展离不开内部竞争的促进作用，要肯定竞争存在的意义，但必须明白竞争不是最终目的，准确地说，竞争更像是一个工具、一种媒介，员工可以通过竞争来提高个人能力，为商业银行发展付出努力。由于市场环境的影响，商业银行的内部竞争正在不断加剧，商业银行如果想维持和谐、稳定的工作氛围，就需要让员工拥有使命，使员工意识到企业利益的重要性，以增加企业利益为目标，这样员工方可进行良性竞争。

一、企业需要拥有使命

商业银行在发展过程中资金流动、服务转化都可能会对社会总体的发展存在一定的影响。虽然不能说是"牵一发而动全身"，但随着银行业的规模壮大，任何一家银行的成立与运营都可以为社会产出价值。商业银行的存在是为了获取利益，但不能只看到利益。除了要赚取资金利益，商业银行还应该肩负起服务社会、促进经济的责任，在提高利益收成的同时要为更多的人提供工作与实现自我价值的机会。

如果想要让员工拥有使命，商业银行首先需要拥有使命，上到领导者，下到普通员工，如果都意识到使命的重要性，那么一定可以同心协力，发展壮大。拥有使命的企业更容易得到员工的认同，员工只有认同企业，才更愿意做好职业规划，做到长期坚守岗位并为企业进步而努力。员工对商业银行的认同不是一蹴而就的，是一个较为漫长的过程，员工需要在工作过程中真切地感受到企业的真实情况。在拥有使命的企业中工作，员工可以更加迅速直观地了解企业文化，一旦产生认同感，员工就更愿意承担起促进企业发展进步的责任。

二、员工可以享受"公平"

曾仕强老先生曾经说过："世界上没有绝对的公平。"在商业银行内部同样如此，并没有绝对的公平，但必须让员工感受到相对的公平，尽管无法精确地做到"一分耕耘，一分收获"，但是最起码应该做到"有付出就有收获"。

　　某企业历年春节假期后就会出现某些岗位人员空缺问题，人力资源经理以为按照往常的进度可以直接重新招收一批新员工，但是一段时间过去，他明显发现招工并没有想象中那么顺利，后来他分析了解到原因：由于往年人才市场供大于求情况的持续，今年有很多人选择向其他领域发展，所以出现了人才供应不足的问题。为了更快地招收人才，人力资源经理想要通过调整薪资来吸引人才。

　　企业老总表示："如果全面提高员工薪资，企业的人力成本会明显增加，这样会导致最终收益减少，对企业的壮大发展没有好处。虽然调整薪资是暂时之举，但一旦薪资提高就不容易再下降了，所以我希望你可以做到两点——一是控制人力成本大幅提高，二是早日解决岗位空缺问题。"

　　基于老总的要求，人力资源经理决定只上调新员工的薪资。老员工逐渐了解到这一情况之后，觉得很不公平，自己完成同样的工作，并且比新员工更加熟练，但不能得到相应的报酬。

如此不公平的制度，导致老员工工作积极性明显消退，甚至部分老员工会故意刁难新员工。最终结果便是在岗位饱和的情况下，企业的收益居然有减无增。

从上述案例中不难看出，该企业最根本的问题就是并没有为老员工提供公平的待遇。多数情况下，新员工会比老员工更有工作活力，但在调整新员工薪资的同时，企业应该知道老员工并没有任何工作上的疏漏，所以也应该适当上调老员工的薪资，上调幅度可以有所不同，但确实应该相对公平地提高所有员工的薪资待遇。

三、企业成为员工的归属

一个员工是一个独立的个体，多个员工是一个凝聚的团体，商业银行离不开每个员工，但员工同样需要依靠商业银行。当员工处于团队环境中时，会因为整体的环境变化而产生不同的反应，这些反应收到的反馈不同，会使得员工有不同的表现，很大程度上会影响员工的个人绩效。当员工收到负面反馈时，很容易出现不安的情绪，这时候，商业银行应该采取相应的措施让员工意识到"身有所属"，无须因为一次失误而焦虑或自我否定，要让员工充分感受到安全。员工一旦有了"归属感"，就更有放手去做的勇气，也会对自己的职业发展充满期望，从而以最专注的态度对待自己的工作。

企业肯定员工、员工认同企业，可以保证企业在内部竞争愈加激烈的情况下，为员工提供展现自我的机会，员工也会以企业利益为先。商业银行应该让员工拥有使命，这既是一种约束，也是一种鼓励，可以约束员工的行为，也可以鼓励员工大胆尝试。拥有使命的银行员工更容易利用内部竞争提升自我。

员工的卓越执行力

执行力指的是能够完成任务的能力、速度及效率，员工执行力就是员工能够依照上级领导或服务对象的要求，在规定的时间内按照要求完成任务的能力。员工的卓越执行力是竞争在商业银行内部发挥积极作用的重要表现。只是简单地将工作完成，不能创造意义价值的"无营养"行为，并不是真正的执行力。

如图4-2所示，提高员工的卓越执行力的方法有以下几种。

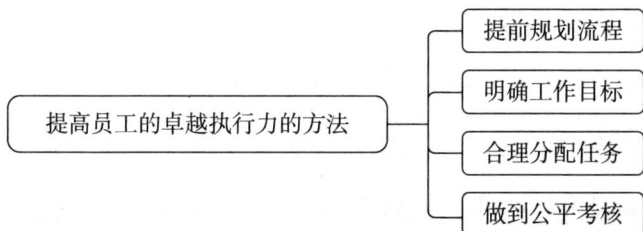

图4-2　提高员工的卓越执行力的方法

一、提前规划流程

在日常工作中，商业银行内部可能出现一种情况，员工只接到有多个任务需要完成的通知，但并不清楚这些任务的主次，这就容易导致紧要任务完成进度滞后，从而造成总体业绩下滑。为了改善规划不明引起恶性结果的情况，商业银行应该针对不同的时间节点安排合理的工作量，要保证布置的每项任务在规定时间内较高质量地完成。如果面对的是任务量庞大的工作，在商业银行规划好流程之后，负责各环节任务的员工应该做好沟通交接，使得不同级任务做到衔接自然，并能够提高工作效率。另外，设定流程时应该结合每位员工的具体工作能力，并且每位员工都要严格按照规定好的流程完成自己的分内工作。

二、明确工作目标

人们在做任何事情之前，都应该明确自己的目的何在。同样，对于企业下达的任务，银行员工都应该明确任务目标及个人目标。比如，某支行接收到的任务是在一个月内总业绩达到存款增加50万元，内部负责该项业务的员工共5人，那么存款增加50万元属于任务目标。员工甲是一位资历丰富的老员工，他给自己定的目标是完成总任务量的25%以上，即本月累计服务客户存款数额增加12.5万元以上。根据这些初期定下的目标，员工便可以有计划地完成工作。

明确工作目标分为明确任务目标和明确个人目标（见图4-3）。

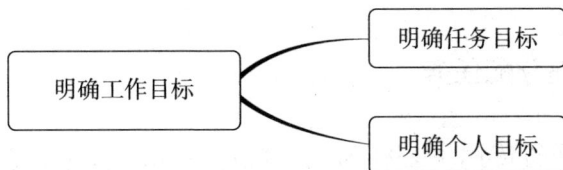

图4-3 明确工作目标的构成

1.明确任务目标

在接收到总的任务量信息之后，部门的领导人员就应该及时整理相关内容，并且采取集体会议或通知公告等形式向负责相关工作的员工传达任务目标，可以将任务按规定完成时间进行分解，针对每个时间段安排相应的工作量，并且明确要求最终完成量只能多不能少，适当向员工施加压力，让员工明白任务的重要性，达到调动员工积极性的目的。

2.明确个人目标

如果说任务目标是商业银行对员工下达的任务，那么个人目标就是员工给自己确立的目标。明确个人目标时，员工应该对自身能力有一个清晰的认知，不能否定自我，更不能盲目自大。过于否定自我的员工对自己的期望值较低，工作积极性较低，可能会导致工作效率呈现下降趋势；过于盲目自大的员工最初确定的目标会超出自身能力水平，为了完成自己的目标，会导致任务完成质量欠佳。

三、合理分配任务

仅仅将任务传达下去和为员工规定目标是远远不够的，商业银行更应该根据员工的具体能力有所区别地为其分配任务，目标是最终的结果，也是过程中的方向，只有方向没有计划不能有明确的工作节奏。每个员工的工作年限不同、个人能力也有所区别，针对这种情况，企业更应该合理分配任务、制订计划，才可以保证员工能按照计划有条不紊地开展各自的工作。需要注意的是，任务分配不能只限于口头传达，也可以做成表单或者打印成册，为员工提供可以随时翻阅了解的机会，这样可以更长久地维持员工的卓越执行力。

四、做到公平考核

虽然说员工的能力有差异，商业银行在分配任务时需要因人而异，但并不是说"能者多劳"就是合理的。对于工作量超出平均水平的员工，商业银行应该适当予以奖励。另外，如果有员工可以超预期完成任务，也应该得到适当的奖励。员工卓越执行力的提高需要团队力量的加成，但也离不开优质员工的付出，所以商业银行可以表扬和奖励出色的团队，也应该关注团队内能力突出者的表现，并给予适当的奖励。对少数人的奖励可以带动大多数人的工作激情，伴随着这些变化，员工的卓越执行力会得到快速提升。

提高员工的卓越执行力不仅要靠员工的个人努力，也需要依靠领导的举措与能力。员工应该有一定的责任感，把分配给自己的任务作为一种责任，认真地对待并完成任务；领导应该具有较强的引领能力，以自身做表率，做好引导工作。员工在执行任务的过程中，彼此之间会产生一定程度上的竞争，而卓越执行力的提升则可以保证员工做到以商业银行利益为先，从而发挥出内部竞争的积极作用。

帮助员工释放压力

通常，压力会伴随着竞争一同产生。内部竞争可以让银行员工产生危机感，提高他们的工作积极性，但在竞争逐渐严峻的情况下，员工内心的压力很容易堆积，这不仅会影响员工的工作进度，还可能导致员工身体出现问题，从而影响正常的工作进度。为了维持员工的工作积极性、保持银行收益水平，商业银行应该帮助员工释放压力。

如图4-4所示，帮助员工释放压力的方法有以下几种。

图4-4 帮助员工释放压力的方法

一、营造良好工作环境

工作环境的好坏决定了银行员工的工作效率，试想，假如日常工作需要用到的电脑、验钞机、打印机等出现故障，就会让员工的工作进度减慢，从而导致员工出现消极情绪。商业银行不仅应该为员工准备性能优越的办公工具，也需要关注员工的整体工作环境。对于银行员工来说，在企业的时间甚至要比在家还要久。长期处于固定的环境中从事差不多的工作，很容易造成员工情绪上的压力与烦躁，而一个舒适清爽的工作环境能够帮助员工缓解压力。

二、允许员工发表意见

很多时候，压力来源于没有发泄口和对情况的无法预测，所以商业银行应该鼓励员工，让员工敢发言、敢提问。一方面，员工要做到敢发言，对于相同的工作，不同员工会有不同的想法，商业银行要鼓励员工将自己的想法表达出来，合理、正确的想法应该得到肯定，输出自己的想法可以成为员工情绪的抒发口；另一方面，员工要做到敢提问，不同员工的理解能力不同，领导下达的任务通知有些员工可能并不能完全理解，商业银行应该允许员工有发问的机会，员工只有真正理解工作内容，才可以更加清晰地做好规划。在掌握任务本身的目的及流程后，银行员工便可以减少情况不明产生的负面情绪。

三、合理安排工作任务

现今，有些企业采取"996"工作制，更有甚者会采取"715"工作制，随着工作时长的增加，员工的工作量也在增加，无形之中就加剧了员工压力。要想帮助员工释放压力，就要合理安排工作任务，在此过程中必须注意，给员工安排的工作量要贴合员工的实际能力，同时要注重劳逸结合。商业银行需要设定合理的休假方案，给员工提供足够的时间享受休闲生活。

如图4-5所示，合理安排工作任务有以下两个方面。

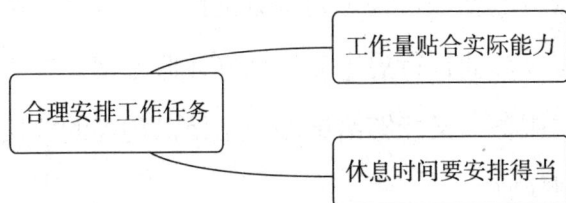

图4-5　合理安排工作任务

1.工作量贴合实际能力

在内部竞争加剧形势影响下，各部门给员工下达的工作量会有所调整，在进行任务分配时，领导人员应该对员工的能力水平有一个相对清晰的认知，安排的工作量要在员工的能力范围之内。过度超出员工实际水平的任务会给员工造成更大压力，可能导致员工工作效率下降的情况。相反，如果分配的任务量远不及员工的工作能力也不可取，因为太过于缺乏挑战性的任务会消磨员工的工作积极性。因此，最简捷的平均分配工作量并不适应用于商业银行任务分配，具体员工具体安排才能高效地完成总任务。

2.休息时间要安排得当

太专注于工作并不一定能长期提高工作效率，人的精力是有限的，过度消耗会产生很大压力，如果员工日常工作积攒的压力得不到释放，同时商业银行一味地要求员工增加工作时长，会让员工的压力骤增。商业银行不像其他行业的企业一样可以设定统一的休假方案，商业银行需要保持稳定的服务工作，基本每天都需要有员工在岗工作，所以商业银行更应该规划好休假方案。好的方案既可以不耽误为客户服务，又能够给诸多员工提供均等的放松时间，使员工的压力得到释放。

四、定期组织团建活动

释放压力不仅要依靠员工自身调节，也离不开企业的全面考虑和合理规划。为了帮助员工缓解压力，商业银行可以组织简单的团建活动。例如，某家销售公司抽出一个部门安排每周一次的户外运动，大家可以提前投票选择好出行地点，由公司提供经费，在一段时间过后，公司发现这个部门员工的工作活力明显高于其他部门的员工。由此可见，一次成功的活动可以为员工提供释放压力的空间及时间，从而可以极大地提高员工的工作效率。另外，工作的直接目的就是获得薪资与福利，所以商业银行也应该制定福利政策，给予优秀员工相应的奖励，以奖励为目标也可以减轻员工的工作压力。

随着"内卷"程度上升，各行各业的竞争力度逐渐加大，银行业也不例外，银行员工必然受压力影响，缓解压力主要靠员工自己调节，企业也可以采取一些措施帮助员工释放压力，这样不仅可以避免部分员工出现畸形工作心态，还可以有效帮助员工维持清晰的头脑，从而促进商业银行的发展进步。

建立高效执行团队

实现内部竞争优势最大化，需要建立高效的执行团队，内部竞争使得各部门产生较真心理，各团队会不断加快任务完成速度，执行越高效的团队工作效率也就越高，优秀的团队才可以使内部竞争发挥积极作用。一个高效执行团队的建立需要能力突出的领导、各司其职的员工、共同的奋斗目标，还需要合理的考核机制。

如图4-6所示，高效执行团队的要素有以下几种。

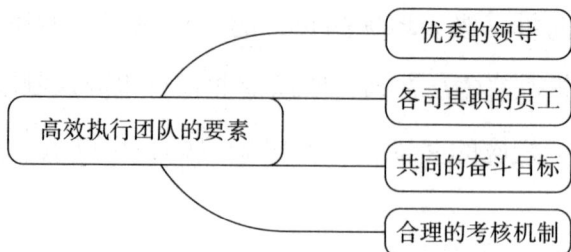

图4-6 高效执行团队的要素

一、优秀的领导

在一个团队中，领导是核心人员，很多时候领导的能力可以决定团队的整体发展水平。一名优秀的领导不仅要讲道德，具有较高的业务能力，更要会带队。

如图4-7所示，优秀的领导的表现主要有三个方面。

图4-7 优秀的领导的表现

1.领导要讲道德

领导人员的价值观念会在不知不觉间渗透到团队之中，很有可能会逐渐成为团队文化的一部分，所以一个团队的领导要有让人信服的魄力和积极向上的观念。员工信服领导人员，就愿意听从他的安排，这可以保证团队工作有秩序进行；领导人员的观念积极向上，可以引导员工形成向上的价值观念，从而使工作氛围更加和谐。

2.领导要有业务能力

团队的领导人员会拥有更大的决策权力，所以至少要有一技之长，即具有与领导层级相匹配的能力。学历高不一定代表能力强，社交能力强也不一定说明具备领导能力，领导人员一定要通过自身努力做出业绩才行，高学历人员如果不能将所学知识合理运用就不能带领团队。一名合格的领导人员并不需要能说会道，能够把想法表达清楚即可。商业银行内部团队领导人员应是业务能力突出的人才。商业银行遵循"能者上"原则才可以更好地发挥团队作用。

3.领导要会带队

团队发挥自身作用的关键在于领导。通常情况下，管理具有一定的技巧性，可以通过学习提高；领导能力需要经验与时间沉淀，不仅需要学习，更需要思考。领导人员在管理团队时一般是在使用职权，在领导时是起到表率的作用，领导人员更像是"一把尺"，可以为员工确立一个标准。领导不仅要不断提高自己的涵养与能力，更要提升团队的工作积极性。

二、各司其职的员工

要想建立高效执行团队，组成人员也是一大关键。个体存在差异性，最直观的表现是在性格上，性格不同的员工适合的工作岗位也会有所区别，就如同粗心的人不能干细致的工作、嘴拙的人不善于调节矛盾一样。正是因为员工侧重不同，团队内部才更有活力。

如图4-8所示，各司其职的员工包括以下两个方面。

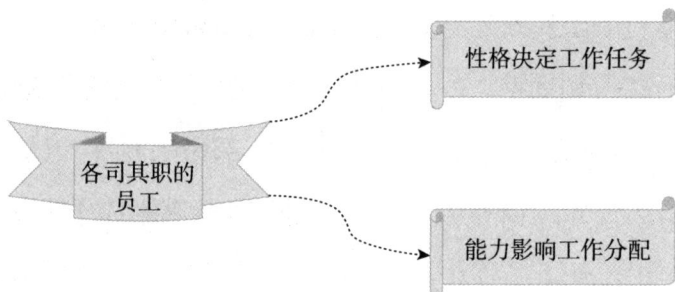

图4-8　各司其职的员工

1.性格决定工作任务

银行员工的性格不同，适合的工作任务也有所不同。例如，工作细心但不善言语的员工主要可以负责业务办理工作，能说会道但不在乎细节的员工则可以负责客户接待与沟通等工作。针对员工的性格，为其安排合适的工作内容，可以促进总体工作效率提高。

2.能力影响工作分配

在一个团队中，除了各员工均具有较高能力，不同员工的优势之处也应该有所区别，这样才可以高效地完成任务。比如，在商业银行里，有前台服务客户的员工，有后台进行系统支持的员工，他们的专业能力不同，但都为银行做出了贡献。只有让各个员工在擅长的领域施展能力，才能实现团队利益最大化。

三、共同的奋斗目标

团队的长久发展离不开成员的团结互助，只有保持奋斗目标一致性，才能上下一心，在面对诸多困难与阻碍的时候更有凝聚力。团队中的所有成员都应该明白团队存在的意义是创造更高的价值，为了共同的利益，大家需要团结一心、共同努力，团队奋斗一是为了团队的整体利益，二是为了个人的利益。

实现共同奋斗目标的方法如图4-9所示。

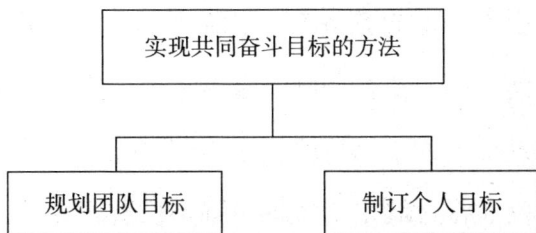

图4-9　实现共同奋斗目标的方法

1.规划团队目标

商业银行的团队目标主要有完成整体业绩目标、形成企业文化等，这些目标有的在短期内可以实现，有的则需要长期坚持才能达成。在规划好团队目标之后，各位员工便可为之而付出努力，将团队目标完成质量最优作为根本目的。

2.制订个人目标

对于员工个人而言，自身利益会驱使工作动力增加，在团队中，整体利益为先，但个人目标是完成团队目标的动力之源，是实现团队目标的前提，银行员工对未来职业生涯的期许促使其愿意付出努力，只有每位员工都完成自己的个人任务，才可以积聚到一起组成团队的总业绩。

四、合理的考核机制

银行员工的工作激情需要维持，因为人的热情会随着时间的推移逐渐消退。引入合理的竞争考核机制可以有效帮助员工保持工作热情与动力。建立高效执行团队，通常需要经历员工工作动力从不稳定到稳定的过程，为了缩短这一过程的时长，必须依靠合理的激励考核体系。商业银行制定的考核机制不仅要符合员工能力，并且需要具有范围合理的挑战性，同时考核机制要做到奖励多于惩罚。

如图4-10所示，合理的考核机制包括两个方面，一是考核机制要合理且有挑战性，二是考核机制要重奖励、轻惩罚。

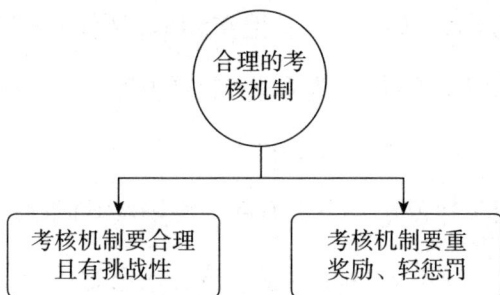

图4-10 合理的考核机制

1.考核机制要合理且有挑战性

在内部竞争的影响下，按照能力付出程度予以相应奖励，可以极大地鼓舞银行员工的工作积极性。要建立公平、公正的考核机制，让每个员工感受到被平等对待，为大家提供展现自我的机会。商业银行设立的考核机制应具有鼓励作用，制度规定的任务量可以稍高于员工之前的业务量，具有一定的挑战性。在渴望获得奖励的心理驱动下，员工更容易挖掘自身潜力，挑战自我，从而实现自我提升。

2.考核机制要重奖励、轻惩罚

所谓考核机制，有赏就必有罚，但两者都只是一种手段，并不是最终目的。部分人员可能认为奖励员工会增加企业的成本，在建立考核机制的时候就会偏重于惩罚。然而，过度惩罚虽然可以制约员工的行为，但会消磨员工的工作积极性，使其丧失企业归属感，容易造成员工应付了事、不愿思考情况。当奖励多于惩罚时，员工会更有目标和方向，从而会激发工作动力，提高工作效率。多数情况下，富有工作热情的员工为企业创造的价值会远高于企业鼓励员工的成本支出。

高效执行团队建设是一个多方面、多层级共同融合的过程，一个成功的团队离不开优秀领导的带领，核心人员的行为可以成为团队奋斗的"风向标"，既可以指引方向，又可以激励大家。团队工作运营需要成员各司其职、乐于付出，一个人可以搬起一块石头，一群人可以挪动一座大山。团队内部需要做到上下齐心，在竞争中保持清醒的自我认知。除此之外，团队协作离不开一套公平、公正的制度。

信任是永恒的竞争力

内部竞争可以促进员工工作积极性提高，也很可能会引发信任危机。竞争是利益驱使的产物，追求合理的利益固然可以，但在诸多利益的诱导下，个别员工可能丧失理智，导致团队信任瓦解。一个失去信任的团队就不再是真正的团队，只是诸多个体聚在一起，一旦遇到难题，这些员工不愿意互帮互助，也不会看到集体利益的重要性，团队就会分崩离析。如果一个团队内部成员互相信任，大家就可以不断激发潜力，一边竞争、一边学习，扬他人之长避自己之短，这样的团队才更具凝聚力，才可以创造更高的价值、完成更远的目标。

一、团队信任的重要性

信任对于一个优秀团队的建立至关重要，因为只有彼此信任才可以增加员工的安全感，员工信任自己的同伴后，会感受到工作氛围的和谐，大家愿意真心相待，在产生新的想法时也愿意分享出来，当诸多新颖的想法碰撞在一起时会产生火花，从而形成新的方案策略。如果没了信任，那么整个团队就会像一盘散沙，表面聚在一起，实质上相互之间并没有关联，大家会把时间集中在实现个人目标之上，使得团队缺失存在的意义。

二、如何培养团队信任

在意识到信任对团队的重要性后，商业银行就应该思考如何才能培养团队信任。首先，团队的发展需要领导人员起带头作用，领导人员应该信任自己的员工，敢于放手将任务交给每位员工。其次，员工之间需要加强沟通，在工作过程中互相之间要多加交流，在讨论中解决问题更有利于增强彼此的信任。再次，在面对诸多问题时，团队成员切记不可互相指责。最后，在团队内部，可以相互熟悉，但不能出现"小团体"。

如图4-11所示，培养团队信任的步骤有以下几点。

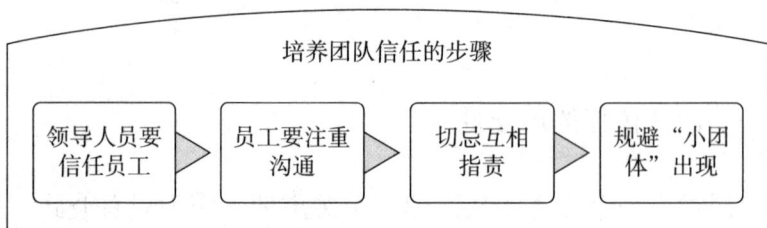

图4-11 培养团队信任的步骤

1.领导人员要信任员工

领导人员作为团队的决策者与引领者，应该做好表率，积极地向员工表达自己的期望与信任，将团队任务有秩序、有规则地分配给员工，给予他们一定的发挥空间，不能盲目地将自己的想法加在员工身上，要相信员工有独立思考与完成任务的能力。领导人员要对团队其他成员绝对信任，这会让信任传播到整个团队中，对总体的信任达成起到促进作用。

2.员工要注重沟通

"仁者见仁，智者见智"，在团队工作过程中，每个员工都有自己的处事态度和办事方法，如果出现意见不一致，就需要多沟通交流，在沟通之中探寻彼此都可以接受的方案。固执己见不利于团队信任的建立，商业银行可以采取措施加强员工之间的沟通。

第一，设定一个共同的章程来约束员工的行为表现。比如，在共同的办公区域内，不同员工的行为举止不同，但有部分行为并不是人人都可以接受的，章程中就需要规定出哪些行为不能在公共区域展现。

第二，组织一系列团队建设活动来帮助员工互相了解。抛开工作，员工可以用私下最真实的状态面对彼此，在轻松的氛围中，大家更容易了解对方的性情，这对之后的相处、协作很有益处。

第三，定期开展分享会，让员工积极发表个人意见。要给员工提供表达自己想法的机会，针对相同的工作内容，不同个体可能会有不同的见解。要定期开展会议让员工分享自己的心得，大家可以学习他人经验、接受他人指正，这样也可以促进工作高效化。

信任的前提是了解，沟通是了解的关键一步，加强员工之间的沟通会使得他们加深对彼此的了解，从而可以建立起坚实的信任，成员互相信任的团队才更具凝聚力，更能发挥团队优势。

3.切忌互相指责

银行员工需要明白一个道理：任何事情不可能会一帆风顺，当大家在一起工作时，难免会出现一些差错或纰漏，有部分人会下意识去找问题出现在谁的身上，这时候确实应该探寻问题出现的根源，但目的不是追究谁的责任，而是从源头上有针对性地制订解决方案。团队中出现互相指责的情况会影响员工之间的关系，信任的建立是一个漫长的过程，摧毁信任却不是一件难事。面对问题不想着如何解决，而是想着怎样推卸责任，会破坏团队之间的信任。商业银行应该鼓励员工以周全的目光去探究问题，在员工工作上出现问题的时候，其他员工不仅要思考怎么去解决问题，也应该在第一时间关心造成问题的员工的情绪与状态，相互包容更容易增强信任。

4.规避"小团体"出现

团队的组建是为了加强银行员工的凝聚力，在一个大的团队中，会出现"小团体"。多个"小团体"同时出现会导致企业内部竞争恶化，诸多"小团体"之间容易产生攀比，为了所谓自己的组织利益去损害他人利益，导致真正的团队利益受损。一部分员工组成"小团体"，就意味着一部分员工落单甚至被孤立，在这样的氛围中工作，以个体形式处于团队中的员工会产生心理落差，工作积极性也会受到影响。总体来说，团队的每位成员需要做到集体团结、团结集体，不能让"小团体"出现，引起不正当的竞争。

商业银行的发展壮大需要依靠所有员工的共同努力，企业内部所有的员工只有上下齐心、互帮互助，才能更好地加强与彼此的协作互助。商业银行的整体业务输出需要以信任作为基底，没有信任，诸多员工就像没有被组合到一起的一整套零件，各具作用，但发挥不出来。信任是永恒的竞争力，相互信任的团队更具备与其他对手竞争的能力，以信任为支撑，内部竞争可以在商业银行中最大限度地发挥出积极作用。

团队人数在于"精"

商业银行想提高竞争力，组建高效优质的团队势在必行，团队成员应该遵循"质量代替数量"的原则，所以人数在于"精"不在于多。企业的工作任务是有限的，需要的员工数量也有相应的限制，招收员工过多不一定能提高任务完成速度，反而容易出现手忙脚乱的情况。

小王是一家房地产公司的销售经理，原本他带领的团队有8位员工，随着所在企业的规模扩大，小王能够接触的客户也随之增加。为了提高团队的工作效率，他决定再招聘一些新员工来配合团队工作。由于整个招聘过程太过匆忙，小王并没有做出太多思索，就认为广招人才一定没错。随着团队人数的增加，小王发现团队的工作效率并没有太大提升，反而作为团队领导人员的自己不得不花费很多时间在调节员工关系上，这导致他不仅不能高效完成自己的工作任务，整个团队也显得更加慌乱，工作起来无章法。

从上述案例中可以看出，在团队规模扩张过程中，一定要在招聘员工之前考虑到团队的饱和人数是多少，如果人数过多，非但不会提高团队工作效率，还会影响原来的工作节奏。

一、如何估测团队饱和人数

团队人数要和工作任务量做到守恒，这里的"恒"并不是指团队人数一定要固定不变，是指团队人数要与团队总任务量存在一种相对平衡的正比例关系。比如，在某工厂内部，为了工作任务清晰化，会临时成立多个小组，管理人员会根据每个小组的总人数为其布置相应的工作量，在工作量超出小组总体水平时，各小组组长可以进行协商，从其他小组抽调部分员工到自己的小组。假设一个员工的日工作量为2，小组成员共4人，管理人员平均一天布置的任务为10，那么该小组成员就缺少1人，如果按照原来的人数来完成任务，那么每位员工就需要多分担一部分任务，这会增加员工压力。相反，如果小组组长选择从其他小组抽调超过1人，那么这些员工在完成总任务后会浪费一部分工作时间。因此，在调整团队人数的时候，需要先估测团队总业务量增加幅度，在此基础上招聘员工才最合理，可以有效避免员工人数过多的情况出现。

二、团队员工招聘关注点

如图4-12所示，团队员工招聘关注点包括两个方面。

图4-12　团队员工招聘关注点

1.员工要有能力

所谓团队人数在于"精"，不单指团队人数要合理，还要求员工具备完成相应工作的能力。这里的能力更像是潜力，团队要给新员工进步的时间与空间，任何人面对新的事物都不能做到"现教现会"，在团队原有成员的帮助指导下，新员工应该经历从生疏到熟练的过程，但对于未有起色的员工，团队应该适时割舍。企业可以为员工提供学习与进步的机会，员工适应与进步的过程也是相互之间磨合适应的过程，但企业不具有帮助"养老"的责任，木桶的容量是由最短的板决定的，团队的水平主要靠后进人员的不断努力来提高，如果员工不求上进、故步自封，就无法为团队创造期望价值。

2.德行与能力并重

企业在招聘员工时，不仅要注重员工的工作能力与学习能力，同样需要重视员工的德行。"一肉腐，一汤浊"，一个德行不佳的员工很可能会影响整个团队的工作氛围。如果企业招聘的员工是一个为了个人利益而不择手段的人，那么他就会做出一些损害他人或集体利益的事情，在这样的影响下，团队内部的其他人员要么会被消磨掉工作积极性，要么会被"同化"，在长期恶性竞争的熏染下，团队的整体发展必然会呈现下滑趋势。假如企业招聘的员工是一个工作有活力且善待他人的人，那么在工作过程中，资深员工和新晋员工很容易"打成一片"，一起营造出积极向上的和谐氛围，共同努力实现团队利益最大化。

一个优秀团队的建立离不开所有员工的"共同奔赴"，团队人数的增加意味着企业的壮大。在面对与日俱增的工作量时，团队固然需要扩大规模，但在招聘员工时要知道重点在"精"不在多，一名优秀员工的付出远胜于多名员工的应付了事。团队人员不仅要有能力，还要有德行，只有德才兼备的人才可以让团队更加精益，在诸多优质员工的共同努力下，团队才可以实现更大的进步。对于商业银行而言，优秀员工的凝聚方可创造更大价值。

员工的忠诚度很重要

商业银行是一个人员流动较大的行业，员工的流失对企业而言既是人力损失，又是成本损失。如何提高员工的忠诚度是商业银行当下应该思考的重要问题之一。员工忠诚度是指员工对企业的忠诚程度，可以体现在员工对企业事务的用心程度上，忠诚度高的员工对企业会有强烈的归属感。员工忠诚可以分为内在忠诚和外在忠诚，内在忠诚主要指员工在心理上忠诚于企业，当员工与企业的目标一致时，会想要通过自己的努力为企业创造利益；外在忠诚指员工在行为表现上忠于企业。大多数时候企业需要采取一些措施主动维护员工忠诚度。

一、员工忠诚度的重要性

如图4-13所示，员工忠诚度的重要性表现在以下几个方面。

1.减少成本流失

员工忠诚是员工自愿在企业发展自我的前提，当员工的忠诚度下降时，员工通常会对企业产生不满的负面情绪，在员工忠诚度得

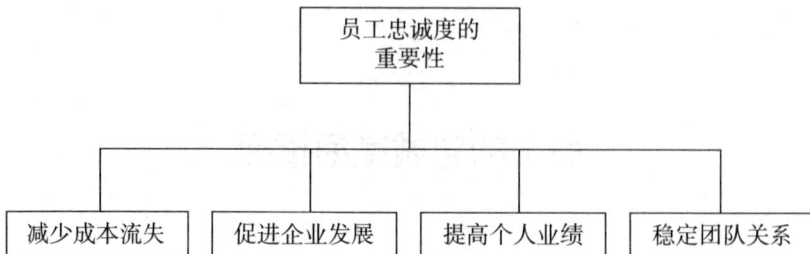

图 4-13 员工忠诚度的重要性

不到维系的情况下，多数员工会选择离开企业。员工忠诚度的培养不仅需要员工自身的努力，更依赖于企业人力管理人员的引领与教导，员工的流失不仅会影响岗位工作的协调，也代表管理人员心血的白白付出。同时，员工流失会导致岗位空缺，新一轮的人才招聘与选拔也需要企业付出较多的人力及物力成本。

2.促进企业发展

员工是商业银行发展的中坚力量与重要保障，忠诚度越高的员工越会为了企业的整体利益而不懈努力，忠诚度高的员工的智慧凝聚在一起可以为企业创造更大的价值。在较高忠诚度的驱使下，银行员工更能激发内在潜能，更容易产生创新思维，从而促进企业发展。

3.提高个人业绩

员工忠诚可以激起员工的主观能动性，在内在期望的驱动下，员工会更有工作热情，强烈的工作积极性促使员工的工作效率实现较快提升。商业银行是重视业绩考评的企业，工作能力突出的员工能够获得更多的业绩奖励，令人满足的业绩成果可以提高员工的忠诚度，如此循环往复，员工获得的奖励会更多，商业银行的实力也会逐渐提高，从而可以达到员工与企业双赢的目的。

4.稳定团队关系

稳定团队关系需要时间的沉淀，随着员工忠诚度的提高，商业银行内部人员的平均工龄变长，大家长期处于同一环境工作，可以随着时间的流逝增进彼此的了解，在处理工作事宜时也能更有默契，工作效率在无形之中提高，团队利益也随之增长。相反，员工忠诚度下降造成的人才流失会导致员工出现疲惫情绪，不愿意维持短暂的团队关系，不利于团队凝聚力形成，从而影响企业发展。

二、提高员工忠诚度的措施

如图4-14所示，提高员工忠诚度的措施有以下两点。

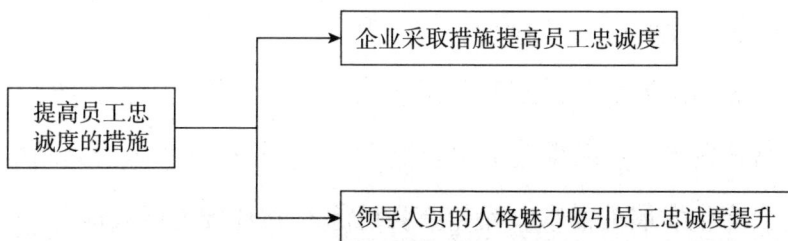

图4-14　提高员工忠诚度的措施

1.企业采取措施提高员工忠诚度

企业是员工忠诚的第一对象，只有企业本身对员工有吸引力，员工才会有忠诚度。商业银行要想提高员工的忠诚度，减少不必要的人力资源流失，就需要采取一些可行的措施提高员工黏性。首先，要向员工展示企业本身的发展性；其次，要制定合适的制度提高员工满意度；最后，要让员工看到自身的晋升空间。

如图4-15所示，企业提高员工忠诚度采取的措施包括三个方面。

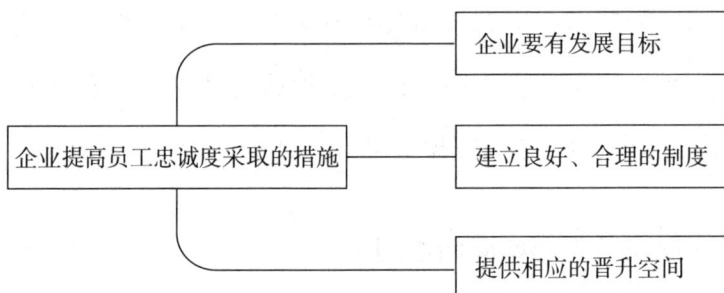

图4-15 企业提高员工忠诚度采取的措施

（1）企业要有发展目标。

企业的发展目标是提升员工忠诚度的一个关键因素，银行员工的日常薪资水平可以满足平时的生活需求，在生活需求得到满足后，员工会产生发展性需求，希望在自己原有的基础上得到提升。只有企业具有发展目标，向员工传达发展规划，才能让员工意识到自己有足够的发展空间。越是有发展前景的企业越能提升员工的忠诚度。

（2）建立良好、合理的制度。

"没有规矩，不成方圆"，商业银行的运营需要制度的维护，建立良好、合理的制度能够提高银行员工对企业的满意度。在工作过程中，最常涉及的制度就是薪资制度与管理制度，良好的薪资制度保证员工结果满意，合理的管理制度保证员工过程满意。

如图4-16所示，建立良好、合理的制度包括三点。

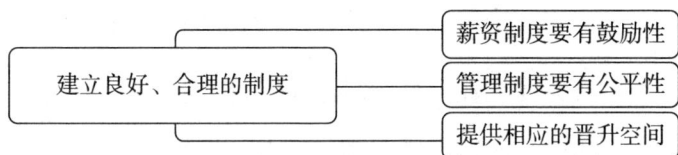

图4-16　建立良好、合理的制度

第一，薪资制度要有鼓励性。

俗话说："钱不是万能的，但没有钱是万万不能的。"银行员工能够长期对企业保持忠诚，薪资或许不是唯一的缘由，但一定是重要原因之一。企业对员工的肯定可以通过薪资水平来反映，尤其是对于商业银行这种员工薪资存在差异的企业来说更是如此。具有鼓励性的薪资制度不仅能够满足员工的生活支出，还可以鼓励员工提高工作激情，提高对企业的忠诚度。

第二，管理制度要有公平性。

公平不是绝对的，但商业银行应该做到相对公平地管理每位员工。比如，企业规定所有员工的上班时间为八点，某些员工因为一些特殊的关系不能遵守规则，并且不能给出有信服力的理由，企业却对此放任不管，那么后续其他员工如果一一效仿，企业的管理制度会被视若无物，没有一个合理管理制度的企业，无法实现内部有秩序运营。

（3）提供相应的晋升空间。

银行员工的进步不仅需要自身的努力，还需要企业提供相应资源，员工可以在工作过程中不断学习。但随着社会科技水平的快速发展，有许多知识技能在固定的工作环境中是学习不到的，企业需要加强对员工的能力培训，让员工在专注工作的同时不与时代脱节。企业组织的系统培训可以达到帮助员工快速成长的良好效果，同时员工在企业的帮助下获得成长会提高忠诚度，从而更加积极地为企业利益而辛苦奋斗。

2.领导人员的人格魅力吸引员工忠诚度提升

商业银行领导人员的人格魅力是影响员工忠诚度的重要因素之一，依照常规思维，员工都愿意在自己敬佩、信服的领导人员手下工作。"千金易寻，知音难觅"，经济市场的发展使得员工可就职的岗位增多，寻找一份合适的工作容易，遇到一个信服的领导却很难。一个有人格魅力的领导可以成为企业的"王牌"，能够得到员工的认可与信服。在魅力型领导人员的引领指导之下，银行员工更愿意竭尽所能为企业利益而奋斗。

员工具有较高的忠诚度，商业银行才能更加稳定地立足于竞争市场之中，所有员工齐心协力、集思广益，才能帮助企业实现逐级发展，攻克诸多难关。除了商业银行自身要满足员工需求，领导人员也需要运用自身的人格魅力获得员工认可。在工作环境与工作伙伴同时符合内心期望值的前提下，银行员工会有更高的忠诚度。员工忠诚度越高，商业银行内部就越具有凝聚力，在面临诸多竞争与压力时，企业就越容易通过自身强劲的实力维持稳定发展。

第五章

内部竞争消极化因素

员工失去活力

随着商业银行内部竞争的加剧，不同的员工会出现不同的行为表现，内部竞争在具备积极作用的同时同样具备消极作用。如今有些员工失去活力，对工作任务应付了事，没有太大的激情。如果银行员工失去活力，就可能出现逆向内部竞争，从较量谁做得多演变成比谁做得少，越多员工失去活力，商业银行实力就越会被削减，所以帮助员工恢复活力是首要举措。

少数员工失去活力会影响多数人的工作积极性，所以当发现有员工失去工作活力时，商业银行应该及时开导员工，可以探寻员工失去活力的缘由，从根本上解决问题。

某金店员工因为家庭事务导致情绪低落，在客户挑选好一条项链并付款时，该店员一直心不在焉，连客户逃单离店都未发现，店长在查询账单数目时发现总收入缺失2700元，在调出监控录像后发现是员工工作失误导致客户逃单，最终该员工支付600元，其余款项从该店总业绩中扣除。

上述案例中，员工由于生活事务导致失去工作活力，企业内部也没有人关注这一问题，最终不仅这名员工的利益受损，企业也出现一定损失，后果我们不难猜出，因为这一名员工的失误，总业绩有所下降，无形之中对其他员工的利益也是一种损害，很有可能会引发不满，导致内部出现恶性竞争现象。

人心齐，泰山移，如果发现有员工出现活力下降问题，企业内部人员都有义务帮助员工解决问题、提升活力，不要觉得与自己无关，一个企业就是一个规模较大的团队，从事不同岗位的员工负责的工作内容虽然不同，但大家都有一个共同的目标，即为企业利益而工作，所以大家的利益存在关联性，内部竞争要在企业发展稳定的前提下才会促进个人进步、企业发展。

缺少职业愿景

正向的内部竞争可以促使银行员工的工作积极性提高，从而使得商业银行实现发展，内部竞争的存在需要有前提，当员工职业愿景缺失时，就会认为竞争不存在必要性。员工缺少职业愿景表现在两方面，一方面是没有职业愿景，另一方面是职业愿景模糊（见图5-1）。

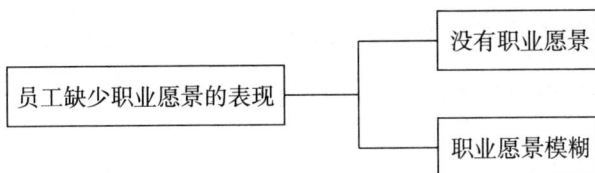

```
                                        ┌──────────────┐
                    ┌──────────────────│  没有职业愿景  │
┌──────────────────┐│                   └──────────────┘
│员工缺少职业愿景的表现├┤
└──────────────────┘│                   ┌──────────────┐
                    └──────────────────│  职业愿景模糊  │
                                        └──────────────┘
```

图5-1　员工缺少职业愿景的表现

一、没有职业愿景

没有职业愿景的情况经常会出现在一些初入职场的员工的身上，他们刚从校园走向职场，没有做好职业规划，只是处在一种"我投简历，企业录用我"的状态。到了工作岗位上，这些员工的目标就是完成自己的工作，他们没有想要多了解、多发现的欲望。商业银行的员工组成不可能一直维持不变，新的人才进入市场，就会有原有员工的退出，引进新鲜力量是必行之举。但是如果员工没有职业愿景，工作动力就会不足，也不会有竞争心理，企业的发展需要竞争来注入力量，所以企业需要引导员工发现自己的职业发展方向，帮助他们确立自己的职业愿景。

二、职业愿景模糊

在商业银行内部，有些员工是有职业愿景的，他们渴望晋升、向往进步，但更多只是不甘于人后，却并不清楚自己应该向哪个方向发展，不了解什么才是真正适合自己的。银行员工在确立职业愿景的时候，首先需要对自身需求与能力有一个清晰的认知，就商业银行的业务发展方向而言，有营销岗、柜台岗等，有些员工在应聘时可能并没有选择到适合自己的岗位，在后期的工作过程中就可以慢慢挖掘自己的擅长之处。比如，有些员工的言语组织能力很强，他们不愿意只是低头处理柜台业务，那么就可以选择向营销工作靠拢。在员工设定职业愿景的过程中，商业银行应该为其提供尝试的机会，让他们在一次次的亲身实践中进行自我定位，从而使得职业愿景清晰化。

银行员工在确立了清晰的职业愿景后，会更有工作动力，在追求自我价值提升的同时，竞争会随之产生。员工拥有职业愿景也可以激励其他员工的热情，在看到他人为目标而不断奋斗时，员工都会有所触动。当员工都确立清晰的职业愿景后，大家的目标难免会有冲突，为了实现自我目标，员工之间便会出现竞争。

员工待遇不佳

内部竞争之所以存在，是因为利益驱使，对于银行员工而言，最直观的利益就是待遇，如果无论表现如何，企业的待遇都不曾改变，那么员工之间的竞争就会逐渐减少，甚至消失。员工待遇不佳的表现形式主要有两个方面，一方面是整体待遇不佳，另一方面是员工待遇不公（见图5-2）。

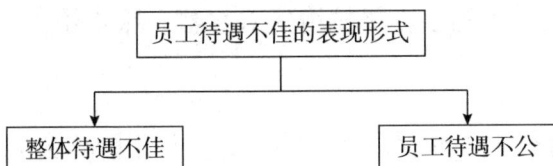

图 5-2　员工待遇不佳的表现形式

一、整体待遇不佳

数据显示，2020年我国城镇非私营单位就业人员的年平均工资为97379元，平均每位员工每月工资为8115元；城镇私营企业的就业人员年平均工资为57727元，平均每位员工每月工资为4810元。虽然每位员工的平均月工资水平在4000元以上，但不难发现，在某些企业内部，员工的月工资可能不足3000元，连基本的生活支出都难以满足，在这样的情形下，企业员工为了增加收入，要么选择跳槽到待遇较好的企业，要么会开展副业，导致企业内部工作氛围低迷，缺乏竞争力。

二、员工待遇不公

有些企业里，会有"历练"新人的情况，简单来说就是为了"优待"资深员工，将大量的工作任务交给新员工完成，这样并不一定会帮助新员工成长，反而会给新员工造成压力。在相同的工作区域，得到相同的薪资，但工作量大不相同，在如此不公平待遇下，员工会被每天庞大的工作量搞得焦头烂额，根本不具备竞争的心思与精力。

商业银行如果不能提供优厚的待遇，员工同样会失去竞争精力，在付出努力后不能得到相应的回报，很大程度上消磨了银行员工的工作激情。一旦内部竞争消退，商业银行的发展实力和创新能力都会受到影响，所以商业银行应该给予员工满意的薪资，让员工意识到自己所从事工作的必要性，同时可以形成互相帮助、互相竞争的和谐工作氛围。

毫无晋升空间

员工在企业内部是具有成长性的，有上进心的员工不会局限于当下的岗位层级，同时不会满足于当前的能力水平，所以无论是出于对更高职位的追求，还是对自身能力提高的渴望，员工都会为了自己的目的去努力、去竞争。当银行员工意识到自己设立的目标无法得到实现时，会丧失努力的信心与竞争的动力，商业银行不但要让员工知晓岗位有晋升空间，也要为员工能力提升提供空间。

如图5-3所示，毫无晋升空间包括两个方面。

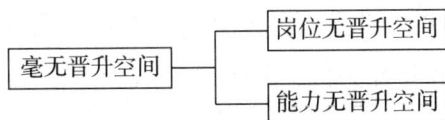

图5-3　毫无晋升空间

一、岗位无晋升空间

某些企业针对人员离职导致的岗位空缺问题，会选择招聘新人的方式填补空缺，无论企业内部是否有员工具备相应能力，企业都不会考虑让其他员工晋升到空缺岗位，这样固定化的模式让企业员工觉得没必要具备比自己所在岗位高的能力，导致员工缺少了工作动力。另外，没有高职位的驱动作用，企业员工之间就缺少了竞争的目标，内部竞争自然就不具备存在的必要性。

二、能力无晋升空间

工作的过程理应是进步的过程，员工进步就意味着个人能力的提升，如果企业给员工提供的发挥空间有限，那么员工的能力提升也会受限。人的潜力是需要被开发的，员工的工作难度一直保持在固定不变的维度，潜力就无法得到开发，所以企业需要逐渐为员工提高工作难度，让员工在挑战中突破自我，实现能力提升。要想为员工提高工作难度，企业本身就要拥有更多的发展资源，员工的能力是随着企业的发展而逐渐提高的。

商业银行要让员工看到自身的更多可能性，几乎没有人工作是为了"躺平"，只要有机会，大家都想要获得晋升。如果员工知道企业无法为自己提供晋升空间，那员工的工作动力就会减少，互相竞争就失去着力点。商业银行要做到企业和员工同步发展，有能力的人就应该担任更高的职位，企业也应该为员工能力提升提供充足的资源支持。在看到可晋升空间后，员工之间才会产生竞争，并能够做到在竞争中互相促进、互相成就。

目标不切实际

积极的内部竞争建立在可行目标之上，有了目标才会有发展的方向与动力，商业银行不仅要为企业本身设立发展目标，员工也要设立目标，这两种目标都需要具有可行性，不能不切实际。设立的目标不应过小，也不应过大，要在能力范围内上下浮动，目标过小不具有挑战性，不需要通过竞争就可以完成，目标过大不具有参考性，无论如何竞争都不可能完成。

如图5-4所示，目标不切实际包括两个方面。

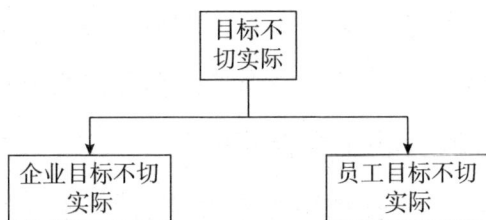

图5-4　目标不切实际

一、企业目标不切实际

如果说企业是员工竞争的场地，那么整个行业环境就是企业的竞争场地，企业可以将同行能力较高的其他企业作为目标，通过不断发展向目标企业看齐，但这个目标企业一定要设定好。假若企业本身是一家初创企业，其可以把成立时间较短但发展较为稳定的企业作为参考目标。在选择了一个可行目标后，企业可以有条理地向目标发展靠近，如果目标过于不切实际，那么企业制订的计划就会缺少章法，并且不具备可行性。

二、员工目标不切实际

员工在设立目标时，可以以工作量为考量，也可以以其他员工为考量，不管选择什么作为考量，都一定注意要切合实际。员工给自己规定的工作量不宜过高，要在可能完成的范围之内；员工在把其他员工作为发展目标时，要对其他员工的能力水平有充分了解，选择能力高于自己但并不是高出很多的员工作为目标，可以把对方看作竞争对手。如果员工为自己设立的目标水平高出自身能力水平太多，在实现过程中，员工自己就会逐渐发觉实现目标并不具备可行性，那么员工的竞争激情会有所下降。

目标不切实际的直接结果就是目标失效，不具备参考性。哈罗德·孔茨曾说："虽然计划不能完全准确地预测将来，但如果没有计划，组织工作往往陷入盲目，或者碰运气。"所以无论是企业还是员工，在设立目标的时候，都需要考虑是否可以基于目标制订计划，计划的制订比计划本身更重要，作为计划制订的围绕点，目标一定要切合实际。只有所设立的目标具有一定的参考性，最终制订出来的计划才有被实施的可能性。切合实际的目标更能发挥出其存在的意义，让企业与员工做出的所有努力都可以体现在最终的成果上，而不是"竹篮打水一场空"，明明付出了很多努力却得不到相应的回报。不切实际的目标会成为一种空想，所以说，商业银行要想引起竞争积极性，就必须制订符合实际的目标，可以有一个较为遥远的目标，但需要将这个目标划分为多个切合实际的目标，逐级完成诸多目标方可实现大的飞跃。

不认可员工成绩

银行员工本阶段的工作动力来源于上一阶段工作所收到的诸多反馈，在自己的工作成绩得到认可后，员工会更有动力和决心去完成下一个目标，与之相反，工作成绩得不到认可，会导致员工后续的工作积极性消退。往往有许多员工为了团队的利益，选择在完成自己的分内工作后多出一分力，这时候，企业就应该及时予以肯定，而不是把员工的额外付出当作理所当然。商业银行如果不认可员工的成绩，员工就会认为自己的付出并没有必要，当所有的员工都不愿意多完成一些任务的时候，大家的工作任务量就是几乎接近的，在工作时间内游刃有余地完成自己的任务，员工之间就不会存在竞争关系。

　　某文案策划公司内部，有一个小组共有5名成员，组长将每次接到的文案策划任务大致分为4个部分，分配给其余4名员工，各员工需要将自己负责的部分上传至小组工作群，组长的任务是文案的整合和对接。由于员工完成的速度不一，每次大家的上传时间会有先后之分，所有员工为了减轻组长工作负担，默认最后一名提交的员工将文案进行整合。长此以往，组长就认为这项工作本该由员工完成。在一次文案分别上传后，最后一位成员有私事没有在组长预想的时间完成整合工作，组长便在小组会议上批评了这名员工，该员工顿时心生疑惑与不满，并在私下向组长表明这并不是自己的分内工作，之后这名员工便不再负责这项工作了，其他员工看到这种情况，也纷纷效仿这名员工的行为，结果就是整合工作回到了组长手里，组长不仅要负责对接工作，还要完成整合工作，导致他的精力严重不足而影响了工作效果。

　　上述案例引人思考，员工没有义务消耗自己的时间与精力去完成自身任务之外的工作，在员工愿意牺牲自己的时间去承担非必要工作的时候，上级就应该及时予以认可和鼓励。商业银行内部同样需要如此，如果员工能够为了集体利益而花费自己的时间与精力，那么他是很值得认可的。企业肯定员工不应该只是在口头上，可以选择采取一些奖励措施。在奖励吸引力的驱使下，银行员工大多希望可以通过自己的付出得到认可，所以会争先恐后地去完成负责范围之外的任务，同时为了获得更多认可，员工会不自觉地加快自身任务的完成速度，提升质量，从而可以节省出更多时间接触其他任务。

存在职业危机感

职业危机感是指当员工意识到没有人不可替代时，认为自己能力发展受限或所在企业或行业竞争危机加剧，导致内心出现的担忧与不安。当银行员工出现职业危机感时，其对企业的忠诚度会有所下降，彼此之间的竞争情绪也会被压抑，大家首先关注的是生存而不是发展。员工为了维持工作稳定性，会兢兢业业、恪守本分，但很少会有明显的"闯荡"行为，缺少了奋斗情绪，也没有了竞争意识。

一、职业危机感存在两面性

随着职场结构的改变，再优秀的员工都会棋逢对手，可能是更加优秀的人才，也可能是先进的技术。但无论是什么，只要员工感受到太过于浓烈的危机感，就很容易消磨掉奋斗意识，员工会害怕面对更多的考验与改变。不适度的职业危机感会让员工焦虑、紧张，无法集中精力对待工作，在这样的情绪影响下，能够保持自己的原有工作水平已属不易，更不要说是进步发展了。

在一个运营稳定的企业内部，会有两类人出现，一类是不断追求进步的人，另一类是不求上进的人，两类人都会感受到一定的职业危机感。对于前者而言，危机感是前进的动力，能够促进个人工作热情提高；对于后者而言，危机感就成为不愿努力的借口，他们常常认为该来的总会来的，再多的努力都是徒劳。

当职业危机感在企业中发挥了负面作用，在这样环境的长久影响下，会出现一种危险情况，即员工心生退缩之意，偏执地认为努力不会有回报。假如商业银行面对这样的情况，就需要通过一些方式向员工反馈出企业对他们的需要与期望，使员工意识到只要肯努力，就一定会有进步，让职业危机感发挥出它的积极作用。

二、如何运用职业危机感

企业没有办法做到消除员工职业危机感，但是可以让它发挥正向作用，克制其负向作用对员工工作态度的影响。商业银行在运用职业危机感的过程中要先做到肯定它的存在，再做到利用它的作用。

如何运用职业危机感如图5-5所示。

图5-5　如何运用职业危机感

1.肯定职业危机感

职业危机感是处于发展中企业的员工必然会产生的一种情绪，它在职场中普遍存在。在感受到职业危机感后，员工如果只是陷入恐慌之中不仅会影响自身情绪，还会影响他人的工作效率，与其害怕逃避，还不如直面职业危机感的存在。员工需要明白并不是只有自己处于这种环境之中，有危机就会有竞争，最好的办法就是提升自己，增加自身竞争实力，不让自己成为被职业危机感淘汰的一员。

2.利用职业危机感

职业危机感的存在可以起到警醒作用，让员工意识到凡事不可能一劳永逸，正所谓"活到老，学到老"，只有不断追求进步才可以减轻职业危机感对自己的压力。伴随着职业危机感的袭来，企业内部岗位的人员流动率会有所下降，这对于企业来说可能是一件好事，但对于有上进心的员工来说机会减少，岗位缺失率下降，员工的晋升机会就会减少。当这种情况出现，员工如果不能实现纵向提升，就可以选择横向发展，不能在更高的岗位历练自己，但可以在原有能力的基础上不断提升自己的实力，一旦有了晋升机会，自身的竞争力就会较之其他人更强一些，还可能达到"一鸣惊人"的效果。

面对瞬息万变的市场格局、不断涌入的新鲜力量，银行员工难免会生出职业危机感，这种危机感如果开始消磨员工的工作积极性，企业就需要及时引导员工清晰认知。商业银行如果想帮助员工利用职业危机感，就需要及时给予员工能力上的认可，员工如果愿意提升自我，商业银行也愿意为其提供资源上的支持。

不兑现承诺

商业银行为了激励员工，通常需要采取一些必要的方式满足员工的诸多需求，多数情况下，商业银行会选择采取预先承诺的方式来激励员工。在首次得到企业承诺后，员工的工作积极性一般都会有明显提高，同时竞争激情高涨。如果员工表现符合企业承诺相对应的水平时，企业却不能按照承诺给员工相应奖励，那么下一次企业做出的承诺的可信度就会下降，随着这种情况发生次数的增多，企业使用承诺政策就再难以发挥作用。另外，在工作过程中，员工要对企业保持高度的组织承诺，如果银行员工不能兑现对企业的承诺，对工作不上心并且选择随意进行处理，那么这些员工的晋升心理并不强烈，相应的竞争激情也不高。

一、企业不兑现承诺

企业内部竞争的来源主要是物质或者精神上的追求，企业给出的承诺无疑就是员工的竞争动力，这种承诺可以是物质方面的，如分发小奖品、现金奖励等，也可以是精神方面的，如公开表扬。

某企业在员工工作开展之初，根据预测的工作量设定相匹配的奖励，这使得各位员工为了企业设立的奖励而不断提高工作效率，在相互竞争的同时提升自身工作能力。但在员工达到预期水平后，企业高层并未依照原本的承诺奖励员工，在下一次的工作中，企业如法炮制，依旧是按照先承诺后不兑现的流程来欺骗性地鼓励员工工作。企业高层为自己的做法而沾沾自喜，却发现后面的工作效率并没有像前面几次那么明显提高，反而出现完成滞后的情况。

无论是做人，还是做企业，都要贯彻言而有信、言出必行的理念与思想，一旦给出承诺就应该及时兑现。针对企业而言，承诺可以作为一种激励员工的方式，但绝对不能成为欺骗员工的手段。多次遇到企业不兑现承诺的情况，员工的工作积极性一定会受到影响，失去工作动力的时候，就更不会有与他人竞争的心思了。

二、员工不兑现承诺

员工与企业是相互影响的，企业要兑现对员工的承诺，员工也要兑现对企业的承诺。员工承诺主要为组织承诺，一般表现在三个方面，即感情承诺、继续承诺、规范承诺（见图5-6）。

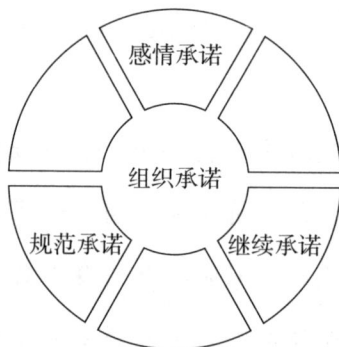

图5-6 组织承诺的构成

1.感情承诺

感情承诺是指员工在精神上对企业的深厚感情，不需要依靠任何利益，是员工主观情感上对企业保持忠诚，认为企业的利益高于一切。员工如果缺失感情承诺，就会缺乏对企业的认同感和归属感，无法将自身融入企业的员工会失去竞争的方向与动力。

2.继续承诺

继续承诺是指员工依靠在企业长期的工作而获取高回报的收益，会考虑到离开企业比留在企业损失大，所以不得不选择继续留在企业的一种承诺。这种承诺实现的前提是员工的工龄长，企业要做到的是通过相关措施使得员工投入工作的年限增长。

3.规范承诺

规范承诺是指员工受到行业或者社会的外力影响，对企业产生责任感而形成的承诺。企业需要让员工认识到自己所在岗位的责任，缺失规范承诺的员工可能会否定自己在企业的作用与重要性，从而失去竞争动力。

商业银行为员工提供发挥空间，员工为企业创造价值，两者之间存在相互作用力，企业需要激发员工的竞争心理，员工也需要意识到竞争的必要性。维持竞争需要企业与员工共同努力，针对承诺问题，企业应该做到及时兑现对员工做出的承诺，员工也应该完成对企业的承诺，即运用自身能力与付出为企业发展添砖加瓦。

第六章

如何实现正向的内部竞争

设定健全的奖罚规则

在商业银行内部，每位员工的表现有好有坏，为了直观地让员工感受到工作对应的收获，针对不同表现的员工会有奖罚之分。内部竞争的目的是追求工作成果，有功劳者奖励，有过错者惩罚，这样才能达到公平。商业银行的奖罚规则一定要在思虑周全的情况下设定，保证规则公平健全，对所有员工一视同仁，并且每一个细节都要有依据，不能凭空捏造。

一、奖罚规则的关键点

商业银行设定奖罚规则的目的是强化员工的自我约束与提升的意识，提高工作积极性，鼓励创新思维发展。奖罚规则的设定要有章可循，必须在可行事件的基础上规定可行制度，无论是奖还是罚，最终的目的都是促进工作积极性提高，奖罚规则因商业银行发展而存在。奖罚规则的生效时间不宜过长，员工的期待值会随着时间变长逐渐下降，奖励下达太晚不利于工作热情的维持；惩罚生效时间过长会失去警醒作用。在设定奖罚规则时一定要做到有所针对，根据不同人群的需要设定有差异的规则，这些规则理应适应于全体员工。

如图6-1所示，奖罚规则的关键点具体如下。

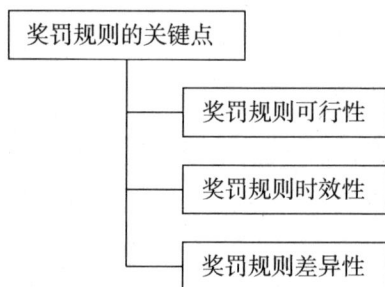

```
┌─────────────────┐
│  奖罚规则的关键点  │
└─────────────────┘
        │  ┌──────────────┐
        ├──│ 奖罚规则可行性 │
        │  └──────────────┘
        │  ┌──────────────┐
        ├──│ 奖罚规则时效性 │
        │  └──────────────┘
        │  ┌──────────────┐
        └──│ 奖罚规则差异性 │
           └──────────────┘
```

图6-1　奖罚规则的关键点

1.奖罚规则可行性

某企业内部的奖罚规则分别如下。

符合以下条件的情况予以奖励：

● 全年满勤、无迟到、无早退、无请假；

● 工作努力，可按时完成相应工作量；

● 工作效率持续提升，为企业业务做出明显贡献；

● 阻止对企业有损害的行为。

符合以下条件的情况予以惩罚：

- 请假时间超出一天；

- 消极怠工，工作态度不良好；

- 能完成自己任务但能力不见长；

- 因个人行为造成企业不可挽回的损失；

该企业的奖罚规则是分开设定的，奖励规则均具有可行性，员工在正常状态下可以达到可接受奖励的水平，但惩罚规则有些不妥，如规则的第一条，员工很可能有重要事情需要解决，但一天时间不够用，请假时长的强制规定太过苛刻，可行性不高，员工如果遇到不得不请假超过一天的情况，在回到岗位继续工作的时候知道会有惩罚，那当月工作态度很可能会松散。

2.奖罚规则时效性

在设定奖罚规则的时候，企业不仅要考虑到可行性，也需要规划好生效时长。就绩效考评而言，一般其最佳时长为一个月，假如考评时间太短的话，员工每周期的绩效并不能准确反映出自身真实的水平，考评时间太长的话，员工的工作积极性会有所消退。

某企业为了探究奖罚规则最适宜的生效周期，决定分别在三个部门试验不同生效时长的作用力度。参与本次试验的部门分为部门A、部门B和部门C。企业规定，在不同时间周期内进行绩效考评，在A部门内，考评周期为一周；在B部门内，考评周期为1月；在C部门，考评周期为半年。一年后，企业调查统计三个部门的平均效率提升水平后发现。B部门员工的工作效率明显提升。在抽取员工参与问卷调查后，企业发现，A部门员工表示考核周期太短，一般自己还未进入工作状态就需参与考核，并且次数过于频繁，对自己的工作情绪会有所影响；C部门员工则表示，考核期过长，自己对奖励的期待值逐渐下降，对惩罚也失去明显规避心理；而B部门员工则表示自己在合理的奖罚规则激励下工作热情持续上涨，互相之间有竞争也有合作。

3.奖罚规则差异性

不同的员工有着不同的需求水平，领导人员更注重个人声誉，普通员工更看重个人收益，虽然他们的目的都是获得奖励、避免惩罚，但注重的形式并不一致，前者偏重于精神，后者则偏重于物质。因此，为了实现奖罚规则的公平公正，企业应该从员工需求出发，有针对性地规定相应的奖励与惩罚，对领导人员可以从企业声誉、个人地位等方面进行奖励或惩罚，对普通员工则可以从职业前景、工资收益等方面进行奖励或惩罚。总体来说，设定奖罚规则的时候，企业应该注意不可忽略不同员工的差异化需求，必须根据不同员工的需求有针对性、有区别地设定具体方法，这样才能让奖励规则在整个企业内部发挥作用。

商业银行如果想通过奖罚规则来提高员工工作积极性，达到激化内部竞争的目的，就必须设定具有可行性、时效性、差异性的健全规则，只有全面考虑影响因素，并在此基础上设计对应的奖罚规则，才能让员工更有工作动力。在有赏有罚、赏罚分明的企业内部，员工的归属黏性更高，即员工在企业长期发展的决心更加强烈。在对企业具有高满意度的时候，员工之间的竞争才会更加正向化，员工不会做出为了自身利益损害他人或集体利益的举措。

二、奖罚规则的作用

如图6-2所示，奖罚规则的作用有以下几点。

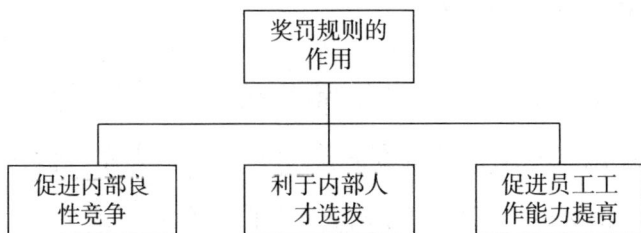

图6-2　奖罚规则的作用

1.促进内部良性竞争

促进内部良性竞争的重要举措就是避免员工负面情绪出现，奖罚规则"奖"与"罚"的对象都需要依据同一环境中员工之间的比较来判断,负面情绪很容易伴随着比较结果的不公平而出现,健全的奖罚规则是具有公平性的,这种公平要以员工认可奖罚结果为准。企业实行奖罚规则对员工而言无非是四种结果:自己获得奖励、他人获得奖励、自己被惩罚、他人被惩罚,健全的奖罚规则可以让员工保持初心,在自己获得奖励的时候不骄不躁,争取继续努力;在他人获得奖励的时候衷心地祝福,认为对方既是竞争对手也是工作伙伴;在自己被惩罚时不气馁、不放弃,反而更加有奋斗的勇气;在他人被惩罚时做到不看轻,并及时予以鼓励。公平公正且有说服力的奖罚规则更能得到员工的认可,让员工能够在竞争中分清主次,在保障企业利益的前提下为自我提升而竞争,并且员工之间也可以做到竞争与帮助并存。

2.利于内部人才选拔

奖罚规则被应用后展示出的最终成果呈现出了员工能力水平,企业可以依据这一结果挖掘到内部能力突出的人才。优秀员工是企业发展的不竭动力,员工有能力,企业才有发展潜力。众多企业,为什么会选择花重金从外部聘用人才,最根本的原因就是企业发展需要优秀人才的付出与能力,但在内部没有拥有相应能力的人才。企业会认为内部缺乏人才,并一定是企业没有具备高能力的员工存在,很有可能是企业没有发觉,并且也没有提供给员工表现自我能力的机会。企业设定了健全的奖罚规则后，就可以直观地了解到员工能力，这样更利于内部人才的选拔效率提高。

3.促进员工工作能力提高

奖罚规则在商业银行运营发展中发挥着重要作用，员工因为对奖励的追求和对惩罚的规避，整个工作过程中的激情会有所提高，能够促进企业快速发展。奖罚规则具有制约作用，可以有效提高员工对企业的归属感和责任心，从这一目的出发，员工对待自己的工作会更加尽心尽力，随着对更高成果的追求，员工对自身的要求也会逐渐提高，从而不断提高工作能力。健全合理的奖罚规则能够起到鼓励先进员工、激励后进员工的作用，使得整个企业的员工抱成一团，实现员工与企业共进步。

商业银行在鼓励员工进行正向内部竞争的时候，务必要设定健全的奖罚规则，周全、公正且有广泛可行性的相关规则可以有效引导员工进行正向竞争。在无论是整个企业的大环境，还是在负责各项工作的部门小环境中，员工之间必然会存在一定程度的竞争，奖罚规则无疑是激发员工竞争心理的一种途径，但如果不能运用得当就会产生恶劣影响。所以商业银行在利用奖罚规则的重要作用的同时。一定要保证其合理性，这样才能真正促进企业快速发展进步。

完善企业的管理政策

企业的管理政策主要是指企业根据当前的经营现状制定的相关安排，对于商业银行而言，其可以是整体的管理安排，也可以是对全体员工的管理安排，在引导正向内部竞争的过程中，商业银行主要的关注点在于对员工的管理安排。企业的管理政策不会一成不变，随着企业的发展、员工行为的改变，管理政策需要不断被完善，全面地考量到员工的每一个可能表现，并有细节性对应，这样才能保证内部竞争不会偏激化，始终发挥着积极作用，促进企业稳定发展。

一、企业管理政策分类

如图6-3所示，企业的管理政策分为强制政策和制约政策。

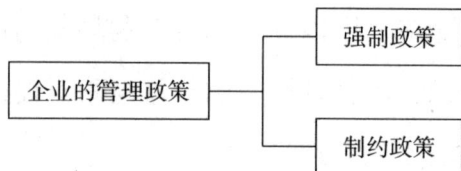

图6-3 企业的管理政策分类

1.强制政策

企业员工如果没有获得任何回报的话，是不太愿意主动工作的，在这种时候，企业会选择考虑通过制定管理政策。让员工进行劳动工作，这是一种"硬"手段，企业会规定员工必须做什么、不能做什么、怎么做、什么时候做，很多时候员工的整个工作过程都在企业的监督及指导下。通常情况下，这种强制政策不会关注员工的个人状态与意愿，只是以企业利益为中心，而员工不得不为了自身利益服从企业的强制管理。

2.制约政策

员工心甘情愿工作才更有工作动力，企业要想让员工发挥自己的主观能动性，其制定的管理政策就不能过于强硬，但需要具有一定的制约性。员工在处理个人工作的过程中，企业可以通过管理政策适当地制约员工的行为，在员工看来，这种政策虽然会对自己的行为具有一定的制约性，但是在可以接受的范围内。通过这种类型的政策管理员工行为，能够让员工为了个人利益与企业利益而付出努力。

二、如何完善管理政策

管理政策制定完毕后要想发挥作用，就必须有员工遵守这些政策。所谓管理，无非就是领导对员工的管理，政策的完善需要领导人员负责。在管理员工时，领导人员必须明白自己最需要做什么，并不是领导人员自己做得越多管理效果就越明显，领导人员应该知道管理、分配任务比亲力亲为更重要。在管理上，领导人员也应该注意管理的力度，不要出现管理过度的情况，否则很容易使管理政策失去管理的作用。

1.管理并不是亲力亲为

总有人认为作为领导人员就应该时刻以工作为先，在很多企业内部也确实如此，人们可以看到很多领导人员为了做好表率，整天十分忙碌，从重视工作问题到疏导员工情绪等方方面面的事情均需要亲自完成。比如，有些企业要求开集体会议、部门会议、小组会议等，部分领导面对这大大小小的会议，选择都参加，但是在会议中并不需要领导有太大的工作付出，所以其实没有必要全部参加，直接选择参加由自己主导的会议即可，部门会议由部长组织，小组会议由组长组织，并不需要高层领导参与。

2.过度管理的表现形式

在商业银行发展过程中，工作量会随之增加，员工数量也会有所增长，为了稳定发展节奏，不断完善企业管理制度便成为一种途径。面对愈加庞大且复杂的管理体系，企业如果掌握不好，很容易因为一些细节枝末带来不必要的麻烦。过度管理的表现形式主要有制度过于复杂、管理过于严格和技术过度使用（见图6-4）。

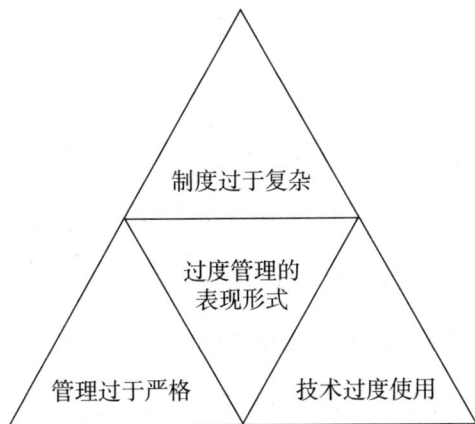

图6-4　过度管理的表现形式

（1）制度过于复杂。

为了保证管理制度的全面性，一套管理制度会涉及人力资源管理、财务管理、营销管理、薪资管理等多个方面，随着涉及领域的增加，管理制度更加复杂，实行起来更加困难。

（2）管理过于严格。

管理制度主要是针对人，那么其就应该人性化、生活化，而不是过于苛刻。某企业为了提高工作质量，认为员工应该极大地利用工作时间埋头苦干，于是做出了一个让人难以接受的规定，即对上厕所时间做出了规定，如果超出规定时间就予以罚款，这一管理制度一经实行，诸多员工表现出不满情绪，并且工作效率明显下滑。

（3）技术过度使用。

有些企业为了加强内部管理，会不停地尝试，今天效仿其他企业管理模式，明天引进国外管理手段，最初是为了更好地管理，但因为没有一个稳定长期的制度，导致场面一团糟。

完善的制度能够维持商业银行的稳定运营和发展，只有企业这个大环境能够处于稳定状态，员工在相互竞争的过程中才能秉持初心，在争取自身利益的同时把企业利益放在第一位。实行较为完善的管理制度，商业银行内部的运营机制能够保持稳定，如此便可为员工提供正向竞争的机会与场所。

确立合理的PK机制

有PK（对决），员工才更有战斗力与竞争力。商业银行如果能确立合理的PK机制，就可以不断地激发员工的潜能，把不可能变为可能，从而选拔内部优秀人才。通过PK，员工可以得到更多认可，能够增强信心及战斗力，企业可以达到激发正向内部竞争、增加竞争优势的目的。

一、PK机制对员工的影响

通过PK，员工可以找出差距，这些差距的出现可能是能力原因，也可能是用心程度原因。如果是能力有问题，员工可以通过PK

结果看到与别人的差距在哪里，从而有针对性地提升自己的能力；如果是用心程度不足，PK结果优异的员工会更有工作动力，PK结果较差的员工则会意识到懒散工作态度的不可取。员工之间有了PK，就更有竞争的动力，会朝着清晰的目标不断奋斗。PK机制的存在可以激发员工的潜能，让员工在压力中前进，这不仅能够提升员工工作能力，还可以增强抗压意识。有了合理的PK机制，员工会为了PK胜利的奖励而不断努力，从而能够产生强烈的竞争心理，合理PK机制的结果是公正的，那么员工之间的竞争也就是正向的。

　　某部门为了增加团队默契并引导员工发现自身潜能，组织了"同脚前进"游戏，规定5人一组站成一排，将相邻两位员工的左右脚用绑带捆在一起，多组进行比拼，依照到达终点的时间进行成绩排名。游戏一开始，员工都比较犹豫，害怕彼此之间默契不够，担心自己完成不好，所以没人敢上前挑战。领导的一番鼓励之后，终于有几个员工表示愿意尝试，有一组接受挑战，就有更多组加入其中。大家从一开始的磕磕绊绊到后面的齐头并进大致只用了一个小时，这使得员工信心大增，不仅看到了自身的可能性，对其他人的信任感也提升了不少。

　　从小小的游戏中可以看出，PK机制的存在可以激发员工潜能，赋予员工勇于尝试、敢于挑战的决心与勇气，让员工在不断尝试的过程中掌握技巧。商业银行可以通过确立合理的PK机制，让员工看到自身真正的实力，把不敢想变成敢想，再在敢想的基础上敢做，最后达到把不可能变成可能的目的，从而实现员工自身竞争力提升。

二、PK机制对企业的影响

PK机制可以促进员工发掘自身潜能，员工的诸多潜能最终都会体现在为企业做出的贡献上，通过PK，企业就能够发现越来越多优秀的人才，并将这些人才聚集到一起，组成一个个有能力、有竞争力的团队。可想而知，这些由高能力人才组成的团队为企业发展做出的贡献是不可估测的。

某企业向员工传达的理念是，团队之所以强，并不只是整体强，是团队内的每一位员工都非常优秀，每一个人都至少有一技之长。在评测员工能力的过程中，一定需要依靠PK。该企业会不定期组织各式各样的PK，通过诸多小比赛，发现哪些人的动手能力强，哪些人的言语组织能力强，哪些人的思维比较敏捷……最终企业发现不同员工的能力侧重点，将合适的员工安排到合适的岗位上，随着员工在自己擅长领域能力的发挥，工作效率明显提升，既促进了员工积极性，也大大提升了团队利益。

只有重视PK，企业才能够从内部发现人才，看到员工的优势与潜能，根据不同员工的表现合理规划分配团队，使得后续的工作更加有条理性。另外，通过PK，员工会认识到自身的不足，能够明确地做出自我改正与完善，企业的团队实力会随之增加。商业银行需要重视PK的作用，合理利用这些作用促进整体发展。

PK机制对内部员工进步和商业银行发展都有很大的推动作用，企业一系列制度与规章的设定都需要与PK机制相互结合。比如，在确立薪资制度的时候，对于所有银行员工来说，薪资水平并不是一致的；对于单个员工而言，薪资数额也会有一定的上下浮动所以这里薪资的区别与浮动都是在员工能力存在高低之分和工作业绩出现变动的情况下确立的，而PK机制是考评薪资水平最直接简便的渠道。合理的PK机制可以让员工认识到自己与他人的差距，激励其愿意更加努力提升自己。另外，一个员工的进步主要是其自身的收获，一群员工的进步则是企业的最大收获。在公平公正的PK机制被采取后，员工之间的竞争会更加正向积极，从而可以使内部竞争尽可能地发挥积极作用。

对员工进行分阶段考核

商业银行很重视对员工的考核，认为最终的考核结果很接近员工的真实水平，更具有参考价值，同时考核可以将员工之间的差距具象化，在考核结果呈现后，员工对自身的认知不再局限于自我估测，而是可以直观地看到自己与他人的差距。另外，员工的工作能力并不是一成不变的，会随着工作时间的累积、自身需求的提高等多个因素变化而有所增长。所以商业银行在注重考核时更要意识到分阶段考核的重要性。比起一次考核固化对员工的能力认知，分阶段考核观察员工的能力提升限度及潜能发挥空间更重要。分阶段考核不仅能让商业银行掌握员工的实时能力水平，还可以不定期地激发员工的工作积极性。

一、分阶段考核目的

考核的目的是测评员工的实际工作能力、估测员工的发展潜能，并根据员工的业绩水平预测企业未来的收益趋向。其不仅可以发现企业内部优秀人才，还可以帮助企业设计出较为清晰的发展策略与方案。分阶段考核除去可以发挥考核基本的作用，更可以发掘员工的实时能力变化，企业可以在此基础上更改或者完善发展决策。比如，有些员工刚到企业之初能力水平较高，但在后期发展中一直保持原有水平；相反，有些员工开始表现平平、中规中矩，但后期适应了环境后会发展出超出想象的能力，所以这种时候，简单的初期考核就不具有后期参考意义，往往就需要用中期考核、末期考核等多阶段考核来评测员工不同时期的能力水平。

二、员工考核阶段

员工考核阶段如图6-5所示，常见的有初期考核、中期考核和末期考核。初期考核一般运用在试用期或者每月的初期，是对员工初始能力的测评；中期考核一般是在每月中期或者每年中期，主要用于对员工上一阶段工作业绩的考评和下一阶段工作目标的确立；末期考核一般是在每月末或年终，多作为员工所获薪资的参考标准。

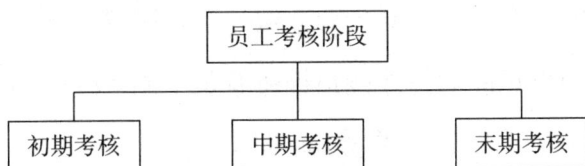

图6-5　员工考核阶段

1.初期考核

多数企业在招聘新人后，会设立一个月到三个月不等的试用期，试用期不仅是员工感受自己是否适合企业的时期，也是企业考核员工是否适合长期就职的时期。

甲、乙两家公司均为初创公司，在招聘员工时，甲公司借鉴同行业其他公司的考核制度，设立了三个月的试用考核期，并规定员工入职后工作不满15天，企业只支付其实际工资的

80%；乙公司则认为公司一定要独树一帜，决定不设立考核期，员工一经办理入职手续便可直接成为正式员工。半年后，甲公司的员工人数明显增长，乙公司却面临着人员流动频繁的情况。除此之外，甲公司的员工因为经过考核，所以能力基本与工作需要相当，乙公司的员工能力水平却是参差不齐。

从甲、乙两家初创公司的经历中可以看出初期考核的重要性，其不仅可以使企业清楚了解员工的实际能力，还可以成为维持员工企业忠诚度的一个手段。对于商业银行而言同样如此，只有一开始就了解员工的真正能力，才能根据所有员工的实际能力估测企业的发展状况，并设计未来发展的方案雏形。

2.中期考核

正如人们所理解的那般，中期考核是对员工真正进入工作状态后的能力的一个摸底，也是下一阶段目标制订的参考。有些职场新人，由于初入职场的迷惘，或者对自身实力的不自信，不能在一开始就真正地展现出自己的真实水平，随着工作时间的增长，与其他同事不断相处磨合，这些"职场小白"可以慢慢适应所处的工作环境，也能够放开手去做，从而可以展现出自己的真实水平，这时候，进行中期考核就非常有必要。在中期考核结果出来之后，企业可以根据各位员工的实际成绩有区别地为其设置工作量、薪资待遇等。同时，这时候员工展现的能力比较接近本身的真正实力，所以企业也就可以设定相对比较明确的发展规划，保证企业能够在合理规划的指引下步入正轨。

3.末期考核

一项工作结束、一个阶段工作落幕后，一定要进行考核，这是为员工确立奖赏的依据，也是激励工作积极性的一个手段。现如今，几乎各行各业、大小企业都会进行末期考核，但多数企业的考核内容及形式都比较单一，考核内容基本只关注员工的最终绩效，考核形式则是员工绩效汇总排名。这样的考核机制并不具有全面性、科学性。一个优秀的员工不仅要做出业绩，也要注重工作态度、个人品格。有个别员工为了达到自己的目的，选择恶意竞争去损害他人利益，这样的人就算是做出成就也不应该被认可。企业可以考核员工的能力水平高低，也应该关注员工的发展空间大小，有很多员工可能只是暂时能力没有达到较高水平，在绩效排名不是很突出，但是他们的进步空间很大，这一类员工很有可能是潜力股，之后很大概率可以为企业做出巨大贡献。因此，商业银行在进行末期考核的时候，一直要切记考核内容要全面、考核形式要科学。另外，可以将末期考核与平时考核结合起来，这样更能看出员工的能力与潜力。

考核能够为商业银行提供较为准确的人力资源能力水平实际数据信息，使其掌握员工的实际能力的发展空间相关情况，以便根据这些信息设定未来的发展规划。分阶段考核则更能将考核的作用扩大化，企业可以比较实时地掌握员工工作情况以及整体发展进程，可以随时调整方案与决策。

保证确立的奖励有质量

在商业银行内部，员工之间产生竞争的最大驱动力就是对奖励的渴望。因此，商业银行不但要保证优秀员工有奖励，还要保证确立的奖励有质量，对员工有足够的吸引力。确立的奖励有质量，一方面要满足员工的需求标准，以奖励激励员工的工作积极性，另一方面要将奖励控制在企业可承受的范围内，保证在激发员工热情的情况下企业利益不受损。如何兼顾员工需求与企业利益是当下商业银行设立奖励首先需要考虑的问题，所以企业应该控制奖励数量、保证奖励公平，以此使得奖励质量合理化。

如图6-6所示，保证确立的奖励有质量包括以下两个方面的内容。

控制奖励数量，提高奖励质量

保证奖励公平，维持奖励质量

图6-6　保证确立的奖励有质量

一、控制奖励数量，提高奖励质量

　　某服装销售公司一直在探索提高员工积极性的方法，通过研究其他公司的政策制度，其发现确立奖励制度可以有效激发员工进行内部竞争，从而能够促进整体工作激情提高，所以决定确立属于自己的奖励制度。该公司想要提升每一位员工的工作积极性，所以确立的奖励制度是无论员工表现好坏，都可以拿到一定的奖金。在实行该奖励制度过程中，公司高层发现，这样的制度并没有让员工更有动力，反而使原本表现突出的员工出现工作态度问题。后经过匿名问卷调查，公司高层了解到，原来是因为无论表现如何，员工都可以获得奖励，许多员工产生了不管怎样都可以获得额外奖励的想法，所以认为没有太过努力的必要。

　　如此可以看出，简单确立一个奖励制度并没有多大的效果，针对上述案例中的问题，商业银行应该认识到这种普及化的奖励是不可行的，对于这种情况，就需要采取"奖励少数人，激励多数人"的方法，不但可以将这些奖金的投入进行整合，为优秀者提供较高奖励，使其保持工作热情，还可以让其他员工意识到努力工作的重要性。在利益的驱动之下，银行员工愿意花费更多的心思在工作上，为银行创造更多价值，在这种想法的逐渐蔓延过程中，员工之间的竞争也就越发明显，在奖励质量维持在合理范围的情况下，员工之间的竞争也会更加正向化。

二、保证奖励公平，维持奖励质量

某银行支行内部的奖励政策为：一月一个周期，当月业绩超出本身任务量20%的员工可以获得奖金500元。在每个月的上半个阶段，银行员工都是精神饱满，全身心投入工作中，到了下半个阶段，随着业绩的快速提升，越来越多员工估测自己已经符合奖励标准，工作专注度也会随之下降，但也有少数员工会维持工作热情。在月末发放薪资时，果然有部分员工获得了奖金，但是随着时间的推移，原本那些一直保持工作热情的员工意识到无论自己比别人多付出多少，最终的奖励都是一样的，所以最后该支行就形成了一种工作热情浮动明显的现象，并且业绩也没有太大的上涨。

从上述案例中可以发现一个问题，该支行虽然采取措施间接限制了奖励数量，但是并没有保障奖励公平，每位银行员工的能力与潜能都会有所区别，有的员工可以超额20%，有的员工可以超额30%、40%，面对这样明显的业绩差距，商业银行就应该将奖励分档。例如，超额20%奖金500元，超额30%奖励600元，相差的100

元对于企业整体来说影响并不是很大，但是对员工而言有很大的激励作用。奖励公平并不是指奖励平均，而是指员工付出与收获成正比，将公平体现在深处，而不是表面。另外，差异化的公平奖励更容易发掘优秀人才，对优秀员工的奖励既可以提高员工忠诚度，又可以促进内部竞争正向化。

优秀的员工是企业最大的财富，确立的奖励有质量，商业银行就可以在付出较低成本的条件下得到较高的收益回报，奖励的形式一般为奖金或奖品，这些奖励对应的资金数额对于一个规模庞大的企业而言并不算什么，但是可以很好地满足员工的精神需求，能够帮助企业达到激励员工积极性、选拔内部优秀人才的目的。奖励有质量可以使员工明白"一分耕耘，一分收获"的职场规则，每位员工的付出都应该被肯定。企业给予员工奖励可以展现对员工的认可，提高员工对企业的忠诚度。此外，银行保证确立的奖励有质量，可以让银行员工明白只有真正努力才会收获奖励，其他一切不正当的手段都不会被认可，这就使得商业银行内部竞争可以发挥正向作用。

个人考核和团队考核并重

团队是由员工组成的整体。在商业银行内部，员工优秀固然重要，团队合作共同发展同样举足轻重。有人认为企业的所有人都优秀，那无论是企业，还是企业内部的团队都自然是优秀的，但其实并不一定如此，一群优秀的人才组合到一起，如果没有凝聚力和协作能力，也是无法完成团队任务的。"散是满天星，聚是一团火"，银行员工不仅要有独立完成个人工作的能力，还要懂得如何团队协作。所以商业银行在设立考核制度的时候不但要重视个人考核，还要关注团队考核，做到个人考核和团队考核并重，既能激励员工工作动力，又能促进团队凝聚力提高。

一、个人考核和团队考核的关系

个人考核和团队考核对企业的运营发展都起着重要的作用。内部竞争是两种考核的枢纽与媒介，个人考核可以激起员工之间的竞争，团队考核可以制约竞争的发展方向。没有内部竞争的企业就没有发展的动力，多数企业为了促进员工的工作积极性，往往会采取一些必要的措施与方法激起内部竞争。但是，员工也应该切记每个人的努力都是为团队做贡献，竞争可以成为自身的工作动力，但决不可以成为团队发展的阻力。

二、如何做到个人考核和团队考核并重

商业银行的运营与发展需要优秀员工的付出，也需要优秀团队的凝聚，一个人的优秀可以为企业创造短期的价值，团队优秀却是

企业长期发展的保障。为了激发员工潜能，商业银行可以设立个人考核机制，让员工在比较过程中认清自身不足并加以改正，促使能力提升。再优秀的员工也会有短板，团队建立的意义就是补齐各位员工的短板，使团队具有全方位的能力，确立团队考核机制，可以将员工所属团队真正的综合能力展现出来，让员工意识到团队荣誉的重要性。

如何做到个人考核和团队考核并重如图6-7所示。

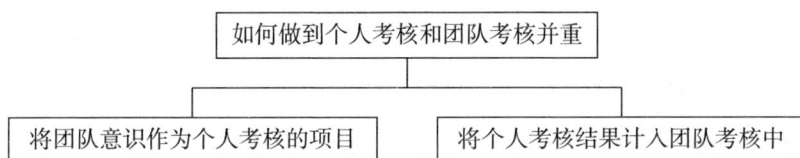

图6-7　如何做到个人考核和团队考核并重

1.将团队意识作为个人考核的项目

个人考核内容可以涉及多个方面，如个人业绩、工作态度等，对这些内容的考核，展示出诸多员工的能力有高低之分，激起员工"不服输"的情绪，从而促进个人能力提升。在考核的过程中，员工会很重视自身的表现，也期望得到领导的认可与肯定，甚至有些时候为了争取表现自我的机会，彼此之间出现恶意竞争，最终的结果就是非但没有为自己赢得机会，反而损害对方的利益，造成两败俱伤的局面。既然要发挥个人考核的积极作用，商业银行就可以考虑将员工的团队意识作为考核员工的一个项目，缺乏团队意识的员工无论具有多大能力，都只是一个"孤独的单行者"，只会从自身利益出发；具有团队意识的员工的出发点是团队的利益，在内部竞争产生后，这样的员工会在不损害团队利益的前提下与其他伙伴比拼业绩、能力等。

2.将个人考核结果计入团队考核中

在个人以团队利益为先的同时，团队需要以员工为傲，让员工有归属感和认同感。如果说员工是团队发展的总动力，那么团队就是员工放手去做的底气。一个团队的平均水平并不能代表所有员工的实际能力，有些情况下，对于团队内部能力薄弱的员工，其他人员会选择不予理会，甚至想要将这些弱势员工赶出团队，这样的处理方式容易让后进员工丧失勇气与动力，不免会让人觉得有些寒心。商业银行不妨将个人考核结果计入团队考核中，如果有员工个人考核结果不佳的话，就会影响团队考核成绩，如此一来，团队内部在激烈的竞争环境中可以保持清醒，优秀员工也愿意帮助能力相对薄弱的人员，为了团队的整体考核结果而选择互帮互助，这样不仅可以提高团队考核结果，还可以提高团队凝聚力。

现如今，无论企业规模大小，都会确立考核制度，商业银行也不例外，这样做一方面可以定期了解员工的实际能力，另一方面可以激发员工的工作积极性。个人考核和团队考核相结合，可以让商业银行更加全面地了解员工的工作能力、发展空间及个人品格。商业银行可以根据考核结果确定员工是否适合当下的岗位与待遇，从而更改为员工确立的业绩目标，使得预期结果尽可能接近实际发展情况。通过个人考核，员工逐渐认识到自己的不足之处，便可以有针对性地提高自身能力；通过团队考核，员工可以意识到一个人的努力远不及团队更有力量。因此，对于商业银行而言，个人考核和团队考核同样重要。

第七章

如何营造职场氛围

需要营造怎样的职场氛围

　　随着当今职场压力的增长，有些员工在企业的时长甚至超过了居家时长，有很多员工把企业看作"第二个居所"，企业应该为员工营造一个快乐、轻松的职场氛围。一个有前途、有发展的企业，除了要有资金基础、发展实力，更需要内部员工不懈努力，没有个体为团队做出的贡献，就不会有团队的发展壮大，商业银行也不例外。员工认为企业是实现自我价值的地方，也想真正融入企业之中。很多人觉得员工是企业的附庸，这种想法并不正确，员工更应该是企业的组成部分，企业为员工提供发展机会与施展空间，员工也为企业的未来发展提供动力。

　　需要营造怎样的职场氛围如图7-1所示。

```
                          ┌─────────┐
                          │ 互帮互助的 │
                     ┌───→│ 职场氛围  │
                     │    └─────────┘
┌─────────┐          │    ┌─────────┐
│ 需要营造怎 │          │    │ 相互尊重的 │
│ 样的职场  │──────────┼───→│ 职场氛围  │
│   氛围   │          │    └─────────┘
└─────────┘          │    ┌─────────┐
                     │    │ 彼此信任的 │
                     └───→│ 职场氛围  │
                          └─────────┘
```

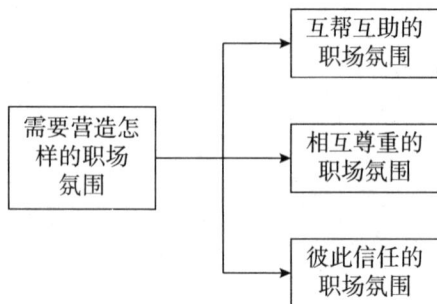

图 7-1　需要营造怎样的职场氛围

一、互帮互助的职场氛围

所谓团队，是指由一定数量的人员组成的一个具有团结精神的整体，团结的表现形式就是团队成员之间互帮互助。"单丝不成线，独木不成林"，单丝容易断裂，独木经不起风袭，团队的力量永远胜于一个人单打独斗。如果商业银行部门内不能做到互帮互助，那就无法形成团队的凝聚力，员工之间会缺乏凝聚力，彼此的工作对接容易出现纰漏，就算不影响正常运营，也会对员工的情绪造成不良影响。商业银行营造互帮互助的职场氛围后，新员工可以在他人的帮助下更快地融入集体之中，老员工也可以在帮助他人之后收获感激与尊重，在这样和谐的工作氛围中，银行员工会更有工作动力，也更愿意为了银行的长久发展尽心尽力。

二、相互尊重的职场氛围

"你希望别人怎么对待你，你就应该怎样对待别人"，在工作中，无论是上下级，还是一起工作的同事，没有人有义务包容谁，所以相互尊重是首要之道。

　　身边一个朋友讲述过自己的经历，在平时工作过程中，他很尊重自己的领导，能够体谅对方的辛苦与不易，所以一直愿意帮助领导多分担一些力所能及的任务。在某次突然生病时，他在微信上多次发信息向领导请假得不到回复，打电话一直被拒接，结果发现在同一时间这位领导发了朋友圈。朋友询问领导缘由时，对方表示自己在室外，不方便接电话，结果朋友同事表示这位领导在此期间一直待在公司。经此一事，朋友觉得自己没有得到应有的尊重，面对这位领导时再也做不到真心的尊重，导致后续经常出现不愉快，朋友表示工作内容与待遇他都很满意，就是这位领导的所作所为削减了他的工作热情。

在很多企业中，员工很尊重领导，但领导却不能做到尊重员工，企业不是一个人的企业，企业的所有成就都离不开员工的努力，员工不能得到基本的尊重，在工作中无法全心投入，就不能推动企业发展进程。同样，作为企业的一分子，员工也应该明白自己不是一个人在工作，除了要完成自己的本职工作，也要考虑到其他同伴的情绪，做到尊重他人。

三、彼此信任的职场氛围

信任是团队稳定发展的基石，企业要信任员工，员工也要信任企业，员工之间更要彼此信任。缺乏信任，商业银行内部就会失去凝聚力，企业无法信任员工，就不能准确地根据员工能力下达任务，容易低估员工实力，从而影响企业的总业绩；员工无法信任企业，就没有办法专注于自己的工作，从而影响任务的完成速度；员工之间缺乏信任，容易造成紧张的职场氛围，从而导致工作进度耽搁。营造出彼此信任的职场氛围，可以有效地为企业节省管理成本，人力资源管理成本通常是看不见的，如果能够得到合理控制，企业就可以将节省下来的成本投资到其他方面，对企业的规模扩大有很大益处。

企业营造出一个互帮互助、相互尊重、彼此信任的职场氛围，可以让员工拥有一个轻松、无压力的工作环境，能够在愉悦的心情下完成自己的工作任务，从而可以激起员工的工作激情。在一个舒适、放松的环境中，员工更容易发现自己的内在潜能，并且在面对内部竞争时，员工也可以明白只有从自身努力出发才可以真正胜过对方，任何损人利己的举动都不可取。

如何营造员工满意的氛围

　　良好的职场氛围是互帮互助、相互尊重、彼此信任的，一个自由、放松的工作氛围可以让员工满意。只有在企业内部领导人员与员工彼此信任、员工与员工相处融洽，大家才可以齐头并进，为了企业的共同利益而付出努力。在满意的职场氛围里，员工能够得到认可与尊重，付出的每一分努力都可以被看到。企业的发展决策需要每位员工贡献智慧，当员工的建议被企业采纳后，企业可以收获新的发展灵感，员工也会因为被认可而感到自豪。员工获得足够的认同感，就可以更加积极主动地完成工作，能够通过自己的调整与努力应对诸多困难阻碍，使得工作效率持续提高。

　　职场氛围是一种只可以感受，却没有实际形态的东西，看不见、摸不着，并不代表不存在，相反，每一个企业内部都存在着包含自身特色的职场氛围，或积极良好，或消极恶劣。商业银行的长远发展需要良好的职场氛围加持，营造员工满意的职场氛围需要优秀的领导人员的正确引领，确立良好的发展前景，同时职场氛围的营造是企业文化逐渐熏陶的结果，员工也有义务去维持良好的职场氛围。

如何营造员工满意的氛围如图7-2所示。

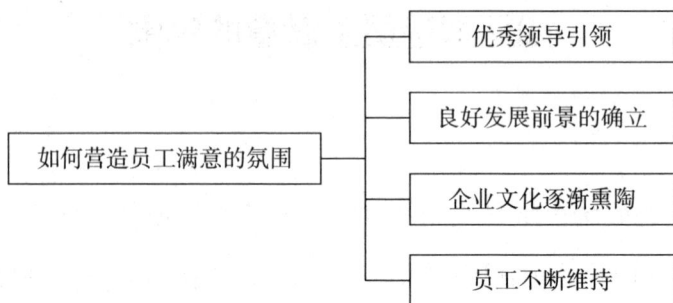

图7-2 如何营造员工满意的氛围

一、优秀领导引领

领导在企业发展中起着重要的引领作用，可以说，领导是企业的核心人物，一个优秀的领导比多个普通员工对企业更重要。在很多影视剧里都可以看到，很多企业为了聘请一位有领导力的人员愿意花大价钱，这是因为这些人员的领导能力比投入的资金更有价值。

小芳最近工作的积极性明显提高，连带着下班时间的情绪也很高昂，周遭朋友都好奇发生了什么事情，小芳说是因为近来自己的部门领导换成了一位很好的领导。原来，小芳在就职公司已经工作了四年之久，这段时间以来，部门先后更换了多位领导，但是无论采取怎样的工作方法，该部门的总体业绩总是没有什么大的起色。在上个月，小芳的部门又经历了一次领导变更，本以为还是会和之前一样，领导盲目地下达任务，最后部门业绩还是没什么改进。结果没想到这位新来的领导不仅没有"新官上任三把火"，还很有耐心地和每位员工进行了详细的谈话，了解到每个人的具体情况，并且有针对性地制订了工作计划，同时也一直在以身作则。在不到两个月的时间里，小芳所在部门业绩明显提高，据估测这个月底多数人可以拿到相应的奖金，这是小芳入职以来最有成就感的时刻。

优秀的领导人员往往可以做到实事求是，在真切地了解和掌握员工详细工作能力后做出合理的任务分配，他们严于律己，对自我要求严格，很容易获得员工的认同与尊重。在优秀领导人员的引领之下，银行员工会更有奋斗方向，能够营造出追求进步、不断努力的职场氛围，对企业的整体发展有百利而无一害。

二、良好发展前景的确立

企业是员工实现自身价值的地方，员工的努力成就了企业的成绩，企业的发展壮大也为员工提供了更广阔的发挥空间，一个有良好发展前景的企业，其内部的职场氛围一定是积极向上的。应该让员工生出一种自豪感、成就感，营造出员工满意的职场氛围，要让员工看到未来的诸多可能性，如工作环境舒适、工作待遇良好、发展空间很大等，它们都可以成为企业让员工自豪认同的关注点，潜移默化影响员工，让员工认为企业发展前景良好。对自己的企业未来发展具有信心的员工，会更加重视自己的工作，认为工作内容打理好生活才算美好，这样员工就会更加全心全意地投入工作，会更加有工作动力，如此企业便可以营造出一种让所有员工满意的职场氛围。

三、企业文化逐渐熏陶

有些企业把利益放在第一位，但是这样的企业往往不能长久发展，短暂的利益获得不是企业设立的初衷，任何企业存在的真正意义都不应该局限于盈利，更大的价值在于对市场甚至是社会的贡献。成功的企业一定有正确的企业文化，企业文化的逐渐熏陶可以让员工感受到认同感与归属感，这种感受使得员工更有工作动力，甚至可以激发出员工未曾察觉的内在潜力。增加对企业文化的重视，可以营造出让员工满意的职场氛围，提高员工对企业的忠诚度与期待值，是企业实现自内而外发展的有效途径。

四、员工不断维持

良好职场氛围的营造是一个漫长且不易的过程，但如果不加以维持，营造出的良好氛围很容易被破坏。营造员工满意的职场氛围，需要每位员工共同努力，维持这种职场氛围同样需要所有员工的倾心付出。企业不是一个人的企业，是所有人共同工作、实现自身价值的场所，营造良好的职场氛围固然重要，但维持住令人满意的氛围，更需要员工恪守本心，员工不能为了眼前的利益去损害他人或者集体的利益。长期探索营造出的职场氛围，如果能够得到维持，就可以保证员工在一个和谐、公平的环境中安心地工作，从而为企业做出更多、更大的贡献。

令人放松、无压力的职场氛围是员工高效率工作的一个重要因素，银行员工每天不仅要面对工作伙伴，更多是与客户进行频繁的交流，所以员工更需要一个和谐、美好的职场氛围来缓解诸多压力。如果每天都处于紧张压抑的状态当中，银行员工就没有办法专注于自己的工作，这对商业银行来说也是一个有负面影响的状况。要想营造一个员工满意的职场氛围，商业银行可以为员工提供一个舒适、自由的工作空间，使其工作更有激情，从而为企业创造出意想不到的价值。

营造职场氛围需要每个人的参与

营造职场氛围需要每个人的参与，如图7-3所示。

一、领导需要关注员工

营造职场氛围需要关切所有员工的日常情绪，作为一名具有领

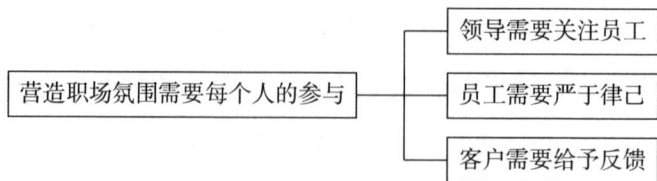

图7-3 营造职场氛围需要每个人的参与

导权力的人员，领导者必须关注所有员工的情绪。每位员工都有自己的性格特点，对于不同性格的人员，领导者需要采取不同的调解方法。在企业内部，员工性格可以分为四类，即高驱低避型、低驱高避型、高驱高避型和低驱低避型，领导人员需要采取不同的态度对待不同性格的员工。

1.高驱低避型

这种类型的员工一般有很强的进取心，并且不畏惧失败，会为了自己的目标而不断尝试、不停努力。这一类员工在企业里是很可贵的，应该得到领导人员的爱护与支持。领导可以鼓励他们分享工作经验与努力心得，这样可以让这些员工感受到被认可，从而更有动力去靠近自己的目标，并且成为其他员工的学习标杆。

2.低驱高避型

这种类型的员工一般没有什么自我突破的欲望，往往很害怕面对不成功，所以选择默不作声，甚至可能得过且过、浑水摸鱼。如果企业内部有太多这样的员工，那么一定不会有什么发展起色。对于这一类员工，领导人员应该给予高度的关注与引领，要让他们看到自身发展的可能性，使其明白只要肯付出就一定会有所回报。

3.高驱高避型

这种类型的员工是有野心却没有魄力的人士，对未来的职业发展抱有很大的幻想，但因为惰性不去采取实际行动。职场氛围的营造过程不能受到不良情绪的影响，这种惰性心理很容易传输到其他员工身上，这对企业整体的工作氛围有很大的负面影响。企业的领导人员应该尽力做到关注每位员工的个人表现，需要通过自己的努力带动员工的积极性，员工有了足够的积极性，才能够营造出一个令人满意的职场氛围。

4.低驱低避型

这种类型的员工通常扮演着被动的角色，他们容易情绪低落，比较安于现状，对于自己的工作任务只会一味地接受。对待这一类员工，领导人员可以选择与之谈心，询问负面情绪的产生是因为对现有工作的不满，还是因为个人的生活问题。领导人员对员工的关怀与照顾不仅可以让这些员工感受到自身的重要性，还可以感染其他员工，从而能够营造出一个友爱互助的职场氛围。

二、员工需要严于律己

员工是企业的重要组成部分，更是企业发展的主力军，营造职场氛围主要就是为员工提供一个满意的工作气氛与环境，所以各位员工应该严于律己，为营造良好的职场氛围而努力，以及已经形成的职场氛围也需要员工共同维持。在商业银行内部，工作任务繁杂多样，通常会根据不同流程的工作任务设立不同的部门，在每个部门内部、部门与部门之间，各位员工会因为工作对接而产生交流，在频繁的沟通合作过程中会逐渐形成一种相对比较稳定的职场氛围。营造职场氛围是首要，但维持职场氛围也很重要。员工的职场行为不仅需要企业的制度加以约束，更需要依靠员工自觉对行为进行严格约束，这是对团队利益与荣誉负责任。为了营造并维持令多数人满意的职场氛围，商业银行的全体员工都应该做到严于律己，切不可因个人之举影响整体的工作氛围。

三、客户需要给予反馈

一个企业职场氛围的好坏，可以通过客户对服务态度的反馈体现出来。在一个相对和谐的氛围中工作，员工的情绪比较稳定，所以并不需要花费太多的时间与精力进行自我调整，在为客户提供服务时也就更加耐心、用心。相反，在一个相对混乱的氛围中工作，员工的个人情绪难免会影响工作表现，为了适应不怎么满意的职场氛围，员工通常需要消耗一些不必要的精力，人的精力是有限的，在花费力气到其他方面后，员工为客户提供服务时容易出现不能满足对方需求的情况。商业银行可以通过客户调研了解企业员工的工作实况，从客户对员工的评价中掌握员工的服务态度与工作完成度。当然，客户对员工的评价反馈可以作为考量员工的标准，因为这可以从侧面反馈员工所处职场氛围对其产生的影响是消极的还是积极的，商业银行也可以根据客户的反馈对内部的职场氛围进行适度整改。

商业银行职场氛围的营造不能单单依靠领导人员，也不能认为员工在日常工作中可以轻松地营造出良好的氛围。一个企业的发展与运营需要多个群体的参与，职场氛围的营造需要领导人员给予一个清晰的方向，并做到关怀和帮助员工，也需要全体员工齐心协力，发扬为营造满意的职场氛围而敢于付出的精神。另外，客户的意见反馈可以成为一个可贵的参考因素。职场氛围的营造需要每个人的参与，只有做到多方面兼顾，才可以保证所营造出来的职场氛围是令人满意的，也是能够长久维持下去的。

营造职场氛围案例分析

每个企业都有包含自身特色的职场氛围。不同企业选择营造职场氛围的方法与手段有所区别，但它们多数都是在不断尝试的探索中形成的，一些企业营造职场氛围的成功案例可以作为商业银行参考与学习的材料。

海底捞职场氛围营造

海底捞是一家迅速发展起来的企业，很重视职场氛围的营造，为员工提供的待遇很不错。他人看起来比较不现实的事情在海底捞都是有可能发生的。海底捞不仅给自己的员工提供住宿，还会为有伴侣的员工准备单独宿舍，给员工提供了足够的便利。最让人意想不到的是，海底捞有一项福利是给员工准备"嫁妆"，是指如果有员工办理离职，企业会认为是自己员工优秀才会被别的企业认可，这对企业来说也是一件光荣的事情，所以会给将要离职的员工发放一个大红包。可以看出，海底捞在营造职场氛围这方面是很愿意下功夫的。

从海底捞职场氛围营造案例中可以得知，营造一个待遇良好、相对自由的职场氛围，可以让员工更加愿意忠诚于企业，企业对员工的认可与尊重可以通过职场氛围间接体现出来。

保险公司职场氛围营造

职场氛围需要日常点滴的逐渐营造。某保险公司在布置职场环境的过程中，很重视周遭细节布置，如排名榜、奖金公告、宣传栏、条幅口号等，通过它们改善企业的软文化，在不知不觉中营造员工满意的职场氛围。

第一类，排名榜。

在一个企业内部，员工能力难免会有高低之分，设计一个业绩排名榜，就是要让员工看出彼此的差距，优秀的员工需要维持水平，继续努力，而其他员工更多是看到自身的不足，愿意通过努力提高自己的业绩，从而营造出激烈竞争的氛围。

第二类，奖金公告。

多数企业设有奖励机制，会向表现优秀或者进步迅速的员工发放奖金，比如，向优秀新员工发放有激励意义的奖金、向业绩水平高的员工发放有奖励意义的奖金，凡是具有表扬含义的都可以放在公告中。简单的一个公告却可以发挥很大的作用，可以让收获奖金的员工感受到被重视，从而更有工作动力，也能够刺激其他未能获奖员工，使其为了奖励而做出努力。

第三类，宣传栏。

企业开设宣传栏是对企业文化进行宣传的好方式，宣传栏中可以展示企业的发展愿景、员工的工作风采、客户的高度认可，为员工营造一种积极向上的职场氛围，使得员工工作更有动力、更有冲劲。

第四类，条幅口号。

条幅口号主要是发挥激励作用，各部门员工自发编写一些口号，可以在早班之前大声诵读，也可以制作成条幅张贴，在激励性口号的影响下，企业职场氛围也愈加活跃，从而促进员工工作积极性提高。

这家保险公司职场氛围的营造主要依靠对员工工作环境的布置，其通过各种各样的方式激起员工工作积极性，并促使其在日常点滴中不断努力，逐渐进步。

微软公司职场氛围营造

微软公司是一个内部竞争明显的企业。在企业内部，员工绩效评比很频繁，绩效排名让员工看出自身的能力水平，根据排名情况为自己设立后续的目标。对于整体能力突出的部门，企业只选择淘汰5%的人员，企业明白，原有员工的流失就预示着新员工的引入，但是并不能保证新员工就一定会比原有员工更有能力与发展潜力，所以企业会对强势部门淘汰下来的人员进行新的安排，为其制订新的发展计划，并且将他们调整到更加合适的岗位。另外，微软公司的薪资待遇并不是最高的，但对员工更有吸引力的是完成高难度任务后所获得的高额奖金，这对外界优秀人员来说同样是一个巨大的诱惑。在这样的职场氛围里，员工的工作动力能够得到激发，与此同时，其可以为企业吸引更多优秀的人才。

微软公司的职场存在很激烈的竞争，但是这些是良性的内部竞争，营造的职场氛围严肃却不缺温和，微软公司让员工在良性竞争中实现自身能力的提升。

任何企业的发展与进步都不是一蹴而就的，很多商业银行现如今都很重视职场氛围的营造，这是一个比较漫长且艰难的过程，企业盲目尝试并不是明智之举，多了解行业、企业的成功案例，可以从中学习并借鉴到诸多经验，并适当地结合自身的实际情况转化成自己的方案。

人性化管理的具体实施

随着银行业在大市场环境中的蓬勃发展，该行业内竞争愈加激烈，对各家商业银行而言，内部竞争也会随之激化。企业发展情况瞬息万变，过于刻板固化的管理制度对员工已经不适宜。现如今，各行各业掀起了人性化管理制度的浪潮。所谓人性化管理，就是一种在整个企业管理过程中充分注意相关要素，以充分挖掘人的潜能为己任的管理模式，也就是以人为中心。员工只有心系企业，才愿意为了企业的发展付出实质性的努力。企业在实行管理制度的过程中，要把员工的感受放在重要位置，让员工感受到被重视、被认可，从而更加有工作动力，彼此之间产生激烈却不损害企业利益的竞争。

一、人性化管理的具体体现

企业的人性化管理并不是说说而已，诸多方面的管理都需要人性化。商业银行的人性化管理具体体现方面有很多，如了解员工、尊重员工、鼓励员工、帮助员工等，商业银行加强人性化管理，员工可以得到尊重与鼓励，商业银行在了解员工的真实情况后可以有针对性地分配工作任务。同时，商业银行需要让员工看到自己的发展空间，这样方可提高员工的工作能力。

人性化管理的具体体现如图7-4所示。

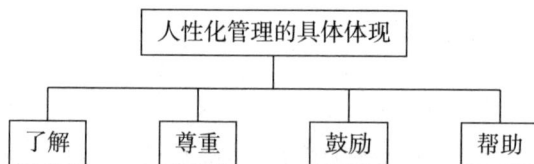

图7-4　人性化管理的具体体现

1. 了解

银行员工的差异性十分明显，不同员工的需求、性格等都不同，商业银行要了解不同员工的需求。人性化管理的对象主要就是员工，要实实在在地了解他们的想法，允许员工之间探讨并融合想法，使得多数员工在专注工作任务的同时可以彼此建立可贵的友谊。

2. 尊重

银行员工既属于商业银行的一部分，也是有自主意识的个体，实行人性化管理要尊重员工，肯定员工不同的发展需求与工作目标，让员工拥有强烈的认同感与归属感；将工作任务分配给员工之后，要给予其足够的自由，不做太多的干预，相信员工具有完成任务的能力；员工与企业是相互需要的，不能单方面认为员工需要企业，也要意识到企业同样需要员工。管理者要尊重自己的员工，无论是选拔制度，还是招聘制度，都要将尊重贯穿始终。

3. 鼓励

银行员工的工作热情来自自身所获成就带来的喜悦与自豪，为了鼓励员工，企业需要适时地向员工表达赏识，领导人员的赏识可以促进员工的工作积极性提高。向员工表达自己的赏识，是一个合格领导人员的必然之举，这可以激发员工的工作动力，此外，为了企业的整体发展做出努力，不断地鼓励员工，是人性化管理的重要内容。

4.帮助

员工作为商业银行发展的主要贡献者，理应受到企业的关注与重视，银行员工在为了企业利益不断奋斗的过程中，难免会遇到一些阻碍与麻烦，商业银行应该做的是帮助这类员工提升能力、渡过难关。并不是所有员工一入职就可以有优异的表现，许多员工都是在工作过程中逐渐提升与进步的，一个优秀员工的出现离不开企业的倾心培养。有一部分人表示可以从企业外部引进优秀的人才，但是重新引进的人并不一定会比原有员工更优秀，所以帮助并培养员工也是在帮助商业银行本身。

商业银行的人性化管理体现在多个方面，了解、尊重、鼓励与帮助员工，可以有效提高员工对企业的满意度与忠诚度。商业银行实施人性化管理后，银行员工可以在相对放松的环境中发挥出自己的潜能。懂得管理的领导人员可以带领自己的员工逐渐进步，突破性地完成目标；无法做到考虑员工感受的领导人员会使员工在一次次的挫败后逐渐丧失信心。

二、人性化管理的具体实施

人性化管理的重点在于管理，关键在于人性化，这种管理模式既区别于其他条条框框的刻板管理要求与规定，又不是以人情论管理，而是将诸多与员工个人关联的因素考虑在内，形成一种使人能够最大限度接受的管理态度与策略。人性化管理并不只限于某一行业或某一企业使用，在各行各业的企业管理中都适用。商业银行同样可以将其运用到内部管理中去，从而达到以管理引导正向竞争的目的。在企业中，人性化管理不能只是一个噱头，需要真正落实到位。如图7-5所示，人性化管理的具体实施可以从认真、平等对待员工，营造积极向上氛围，以身作则、恪守本分三个方面着手。

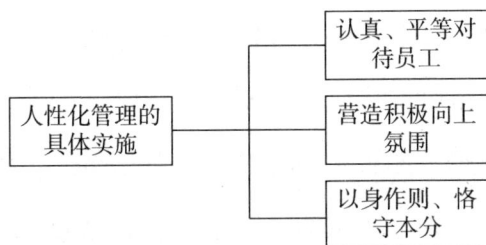

```
                              ┌──────────────┐
                              │ 认真、平等对  │
                         ┌────│ 待员工        │
                         │    └──────────────┘
┌──────────┐             │    ┌──────────────┐
│ 人性化管理的 │──────────┼────│ 营造积极向上  │
│ 具体实施    │             │    │ 氛围          │
└──────────┘             │    └──────────────┘
                         │    ┌──────────────┐
                         └────│ 以身作则、恪  │
                              │ 守本分        │
                              └──────────────┘
```

图7-5 人性化管理的具体实施

1.认真、平等对待员工

负责管理工作的人员可以是商业银行的领导人员，也可以是具体的管理人员，被管理群体是内部员工。管理是一个中间实施的行为，并不代表具有管理权的人员会比被管理者更有地位，所以要牢记"人人平等"的理念。员工的工作过程也是企业的运营过程，企业为员工提供薪资，员工为之付出劳动，两者属于交易关系。在此基础上，员工如果能够得到精神上的鼓励，会更有工作动力，这对企业来说也非常有益处。实施人性化管理，可以拉近管理者与员工的距离，管理人员不仅要有管理能力，也要有虚心请教的态度。每个人都不可能完美，对于员工提出的意见，管理者可以根据自身需求选择性地采纳，这样既可以实现管理利益最大化，又可以鼓励员工乐于思考。

2.营造积极向上氛围

员工的工作积极性具有周期性，会随着工作时间上下浮动，正因为有这些浮动，商业银行才要通过一些方法去调动员工的工作积极性。员工需要激励，可以是物质上的激励，如奖金奖品等，也可以是精神上的激励，如表扬、夸赞等。调动员工工作积极性，需要企业营造积极向上的工作氛围，给予员工满意的待遇，这样整体的工作氛围才会和谐温馨。比如，在工作任务增加的时候，员工不得不选择加班，占用自己的休息时间完成任务，这时候管理者必须明白，员工加班是出于对企业的责任感，而不是员工的义务，所以应该为员工发放相应的加班费，如此便可调动员工的工作积极性，营造出一种积极向上、良性竞争的职场氛围。

3.以身作则、恪守本分

管理者最基本的职责是管理团队，但是管理者也是团队的一员，是商业银行内部的一名员工，所以更应该以身作则，遵守企业的管理制度。

　　某企业的一位管理人员只顾着管理他人，却从不限制自己的行为，规定员工早上九点之前必须到达岗位，自己却迟迟不见人影，在员工遇到诸多问题需要解答的时候，该管理者总是不能及时出现，从而延误了员工的工作，这使得团队内部怨声载道，整体的工作热情明显下降。

　　管理者应该承担起自己的责任，要起到表率作用，不是高高在上、目中无人，而是做到和员工并肩工作，并积极地帮助员工。企业的发展需要团队凝聚力，管理者让员工信服，团队才可以团结到一起，为了企业的利益不断拼搏，付出努力。

　　总体来说，商业银行的重要组成部分就是人，没有员工的劳动付出，就不会有不断发展壮大的企业。人性化管理在企业管理中占据着重要地位，合理使用这种管理观念，能够促使员工工作积极性高涨。因此，商业银行在内部管理过程中，要时刻关注员工的状态与需求，为员工提供满意的待遇，这样员工才会有工作动力，相互竞争也会转化为相互比拼；要让员工明白付出可以与收获成正比，那么彼此之间的竞争也会聚焦在自我能力的提升上，正向的内部竞争就此形成。

第八章

五级管理模式

现如今，很多企业都在考虑如何做到高效管理，在探寻方法的过程中，部分企业错误地认为高效就是快速，内部管理人员觉得员工完成工作的速度快、时间短就是最好的，但是管理只是关注速度是远远不够的，在提高速度的同时要注重质量。假如只有速度没有质量，那么很容易导致员工最终完成的工作并不具有太高价值；相反，如果只有质量没有速度，那么哪怕员工将工作完成得再好，也无法为企业创造太大价值。商业银行想要做到既高效又高质，就需要注重效率管理，这一管理机制可以大致分为五个层级：一级管理是绩效管理，二级管理是即时管理，三级管理是走动管理，四级管理是过程管理，五级管理是联动管理。

一级管理：绩效管理

绩效管理是指通过管理员工绩效提高企业业绩，对员工的绩效进行管理，激励并引导员工取得更好的工作成绩，使员工的积极性得到激发、能力得到提升，企业业绩增长。绩效管理的意义在于能够将企业的目标转化为员工的任务，能够帮助员工及时发现问题并改正，能够为激励员工的活动提供工具与介质。商业银行绩效管理主要由绩效计划、绩效辅导、绩效评估、绩效激励四个环节组成（见图8-1）。

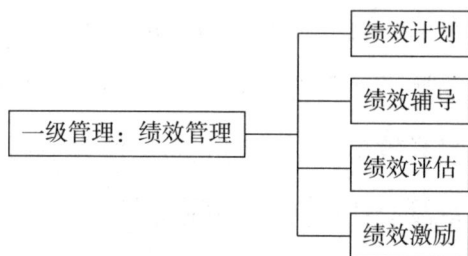

图8-1 绩效管理的组成

一、绩效计划

1.什么是绩效计划

绩效计划是指绩效规定者根据员工的能力设计业绩目标，这一过程，企业管理者和被管理者都应该参与其中。管理者一般是指领导人员，被管理者则是指基层员工。对管理者而言，绩效计划等同于企业的业绩规划；对被管理者而言，绩效计划就是设定个人工作目标。绩效计划由高层领导制订，基层员工执行。

2.绩效计划的作用

绩效计划是一种有力工具。企业所制订的绩效计划可以反映出内部各层级员工之间的联系与配合情况，计划的决策者能够将精力集中到对企业价值的开发上，绩效计划是在实际了解过企业的发展现状、发展愿景的基础上制订的，所以实施起来更加顺畅，与企业发展适配度很高，有利于在为企业创造价值的同时营造积极向上的企业文化氛围。绩效计划的参与者包括制订者和针对者，制订者是指绩效计划的设计人员，针对者则是指企业内部负责工作的员工。制订者在设计绩效计划时会将自己的意愿融入其中，但绩效计划的设计参考标准一定是员工自身的实际能力，超出员工能力范围的绩效规定就失去了可行价值。制订绩效计划将企业与员工的利益进行整合，使员工业绩影响企业业绩，企业业绩决定员工业绩。在统一发展方向后，员工工作更有目标，企业发展更有动力。

二、绩效辅导

1.什么是绩效辅导

绩效辅导是指管理者与被管理者共同关注工作进展、存在的问题、根据问题采取相应措施的一个过程，企业关注员工的工作状态和潜在问题，员工关注企业的发展现状与存在问题。绩效辅导不具有阶段性，它贯穿绩效管理的整个过程，任何环节的绩效管理出现问题，都可以通过绩效辅导来加以解决。

2.绩效辅导的作用

绩效辅导使企业能够针对员工出现的即时问题采取措施，帮助员工解决问题，实现绩效提升。绩效辅导在绩效管理中发挥着重要的作用，它能够预先发现员工在绩效方面的问题，并在问题产生不良影响之前将其解决，也使得上下级之间的联系更加紧密，工作默契得到提高。绩效辅导的作用比较广泛：第一，可以帮助企业实时掌握员工的工作进展，在发现问题后能够及时调整，不耽误正常工作进度；第二，能够加强上下级的交流沟通，避免沟通不到位引起误会；第三，可以帮助员工适应工作内容，在工作过程中，员工经常会遇到诸多问题，仅靠自己摸索解决，是很费时费力的，通过绩效辅导，企业可以及时发现员工需求，便可以为员工提供帮助，在掌握详细信息后，员工会有自信心；第四，管理绩效是为了考核员工的能力，绩效辅导则可以帮助企业掌握一些考核信息，使得最终展示的结果更具信服力。

三、绩效评估

1.什么是绩效评估

绩效评估也就是绩效评价，是指将员工的绩效数值化，它是直接反映出员工能力水平的手段。绩效评估是对员工工作成绩的评估，它既是绩效管理的结果，也是一个过程。通过绩效评估，管理者可以了解到员工的实际能力，能根据员工不同的表现给出相应的评价。企业制定合理的绩效评估制度，可以帮助员工了解到自身问题所在、自我兴趣为何等多方面信息。

2.绩效评估的作用

绩效评估是绩效管理的关键环节，制定绩效评估制度对任何企业来说都不是一件易事，但它是企业不得不跨越的一道难关。企业建立一个合适的绩效评估系统，能带来诸多好处。绩效评估可以为员工提供清晰明了的努力方向，很多员工尽管每天和别人一样忙忙碌碌，却总是无法提升绩效，很大概率是因为缺乏绩效评估。企业的绩效评估应该细化，评估结果可以直接体现出重要关注点在哪里，员工便可以将其作为努力方向。绩效评估也可以及时反馈员工与企业的问题所在，绩效考核涉及的方面较多，可以暴露出员工和企业的问题，通过数据对比，平时不易发现的问题就会显露出来，只要能够发现问题，解决问题就不是难事。一次又一次的绩效评估不仅可以提高员工的工作能力，还可以提高评估者的熟练程度，使得评估更加高效有质量。

四、绩效激励

1.什么是绩效激励

绩效激励是指了解员工的行为举止、工作态度、业绩水平及综合素质后，采取合理的方法激励员工积极性的过程。简单地说，绩效激励存在的意义就是通过一些措施来激励员工，并实现企业实际绩效的提高。绩效较高的员工可以得到企业提供的相应奖励，在这一奖励的催动下，更多的员工渴望绩效提升，继而努力奋斗，从而达到实现企业利益增加的效果。

2.绩效激励的作用

绩效激励通过措施激发员工工作积极性，其作用主要包括营造有活力的工作氛围，为企业创造更高的价值。如果企业内部员工都激情饱满地投入工作中，工作的氛围也会受到影响，少数人的积极努力可以带动多数人动力提高。员工的工作态度越来越认真，职场氛围能从低迷转变为高涨。企业员工积极工作的直接结果是个人业绩提高，随着员工个人业绩的提高，企业的总业绩就会提高，收益就会增加，这可以帮助企业扩大规模。

绩效管理在实行中存在一些问题，主要包括很多企业对绩效管理没有清晰的认知，采取的绩效评估制度做不到数值化；在设计绩效计划时，只参考管理者的意见，并不关心员工实际情况；制定的绩效管理制度不符合实际，未将日常工作融入其中；在进行绩效管理过程中，管理者不能根据评估结果对员工做出及时反馈，导致员工出现消极的工作情绪。绩效管理发挥出作用需要依靠其与员工、企业的贴合度，只有根据企业真实情况进行绩效管理，才能发挥出其真正的作用。

二级管理：即时管理

企业任务管理的目的是让工作任务在规定时间内有质量地完成，这一目的的实现依托于各环节工作任务的承接协作，既注重工作时长，又注重工作质量，最好的办法就是即时管理。商业银行开展即时管理，涉及业务办理、咨询服务等多项工作。在此过程中，商业银行首先需要做到公开，员工通过任务完成情况对比会产生工作动力；其次需要做到即时，为员工实时提供工作相关数据，使得其工作目标更加明朗化；再次就是展示数据与信息要清晰，越是清晰，员工就越能了解实际情况，从而可以不断调整自己的工作计划；最后要讲究不得不看性，要将工作详情渲染性地告知员工，起到警醒的作用（见图8-2）。

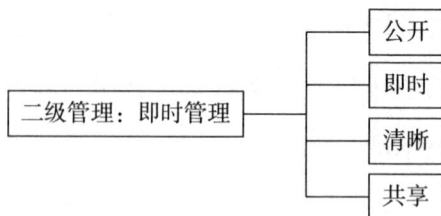

图8-2　即时管理的内容

一、公开

1.公开的含义

工作任务管理过程的公开可以理解为实行透明化管理。所谓透明化管理，运用到商业银行中，就是对业绩、制度、服务等诸多与企业经营管理相关的信息进行公开。公开并不是指所有信息都共享，更不代表没有隐私，只是将所有对工作有作用的信息告知负责相关工作的员工，目的是提高员工对工作内容的了解程度，帮助员工更快进入工作状态、更好完成工作任务。

2.公开的意义

银行员工在商业银行中的角色不能是单一不变的，他们是普通的劳动工作者，同时是企业经营管理的参与者。作为劳动工作者，员工付出劳动换取酬劳；作为管理参与者，员工付出努力为企业创造收益。企业将发展情况公开告知员工，会使员工感受到被重视，可以激发员工的工作积极性，从而提高企业的管理水平与发展速度。

如图8-3所示，公开的意义表现在以下四个方面。

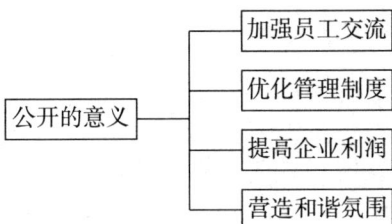

图8-3　公开的意义

（1）加强员工交流。

随着市场经济的快速发展，商业银行的规模不断扩大，其所能提供的服务与业务更加全面精细。在商业银行内部，员工的工作分配也越来越细致，经常出现一个工作项目分割成多个环节分别交由不同员工完成的情况。工作项目是一个大的整体，各环节的工作一定具有关联性，这就要求员工加强彼此之间的交流。将工作任务的完成情况进行公开，负责各环节工作的员工就能够详细掌握信息，并能够将合作伙伴的工作进度作为参考，不断调整自己的工作计划，达到整体工作运营稳定的目的。

（2）优化管理制度。

在商业银行的管理过程中，管理制度不能一成不变，需要根据员工的工作进度、企业的运营现状，不断地调整相关内容。实行公开化管理，使得企业的内部信息透明，将诸多信息进行整合重组，可以逐渐优化管理制度。管理制度的优化预示着企业的运营模式、发展方向更加完善、精确，使得企业经营管理更加规范，对企业的后续发展起到极大促进作用。

（3）提高企业利润。

将商业银行内部信息适当公开，银行员工就可以及时了解资源的数量与质量，掌握的信息相同，竞争筹码可以保证基本一致。企业内部资源能够做到基本均衡分配，就不会出现员工不满的情况，更重要的是，因为分配均衡，员工所获资源差别不大，不会出现因过度竞争员工所获资源远超自身能力的现象，这样可以保证工作任务顺利完成，能够实现企业利润增长。

（4）营造和谐氛围。

商业银行如果可以做到信息公开，就间接表明企业内部氛围是和谐的。公开化管理可以为员工营造和谐、公平、自由的工作环境，能够有效提高员工的工作积极性，提高员工对企业的忠诚度。随着员工工作热情的提高，整体的职场氛围也变得积极向上，在这样的氛围影响下，企业便也可以实现稳定发展。

二、即时

即时是即时管理的要义，要实行即时管理，即时就是关键。商业银行公布信息的时候一定要注意时效性，为员工提供的信息要具有参考意义，比如，为了帮助员工制订下一季度的工作目标，企业可以将上一季的业绩信息告知员工，而不是提供过于久远的信息。市场环境在不断变化，企业的发展情况受到行业及市场的影响，很多时候，当年的发展条件与上一年的会有很大差距，所以对于季度绩效信息，还是时间间距越小，参考意义越大。另外，即时公开信息时可以公布不同员工的实际业绩情况，这些业绩可以反映出员工的真实能力水平，员工可以根据自身的工作进展调整工作计划，企业也可以根据员工能力制订新的工作分配计划。

三、清晰

即时公开信息，本来就是一个较为繁杂的过程，既然要花费大量精力与时间进行即时管理，公布的信息就要尽量精细、清晰。越是清晰的信息，越能体现出员工及企业的问题所在，信息清晰化主要表现在对各环节工作任务的细节关注，将每个环节工作涉及的信息清晰展示出来，能够深度剖析细节问题。有问题是常有的事情，存在问题并不一定会影响企业发展，明知有问题但找不到问题成因必定影响企业运营。信息清晰化的作用就在于，它可以帮助员工及企业及时发现问题具体出在哪里，继而有针对性地解决问题。

四、共享

要做到即时管理，企业就需要营造出积极向上的氛围及环境。满意的职场氛围需要每位员工共同努力，并且可以激发员工的工作积极性。在氛围方面，企业可以将内部信息经常性地传递给员工，让员工不得不看发布的信息，既可以选择在线下进行宣传，也可以选择在线上进行传播，力图做到让员工随时随地了解信息。

1.线下宣传方式

通常，无论是在什么企业内部，在员工的办公区域，一般都设有员工风采墙、企业文化宣传栏、管理制度海报等。很多人认为这些东西只是简单的装饰，其实这样的认知是错误的。企业花费力气与资金对员工工作场所进行布置，就是为了让这些张贴在员工周围的文字信息逐渐被员工熟记，无形之中宣传内部信息。

2.线上传播方式

企业的发展必须适应时代的科学与技术。现如今，企业内部的信息传播已经不局限于言语、文字等线下传播，企业微信群、企业QQ群等线上交流工具使得企业内部信息传播更加便捷。比如，企业可以规定在每个工作日同一时刻在线上发布企业经营信息，员工可以自行安排时间进行浏览，这让员工不得不看，但又不会因为太强硬引起员工反感。

即时管理的意义无非就是让商业银行各部门以及各岗位员工协作配合，使所有与企业运营有关系的因素在适当的时间内有价值地发挥作用，这样可以保证工作任务在规定时间内有质量地完成，员工工作效率逐渐提高，促进企业发展进步。这一管理理论的应用可以帮助商业银行内部的员工、部门提高协作能力，培养高度默契。

三级管理：走动管理

企业的管理者不能只是"坐着"工作，应该多走动、多了解企业内部情况，也要关注企业外部环境。企业所能掌握到的外部信息、整合的内部信息大多是管理者收集、整理的，管理者了解的内容越多，制定的管理制度就越具有针对性，实行起来也就越便捷。总体来说，商业银行的管理者应该做到走动管理，可以将走动管理按照关注对象分为内部走动和外部走动（见图8-4）。

一、内部走动

对商业银行来说，内部主要是指企业内部，管理者应该走进基层，经常走动于部门之间、小组之间，了解员工的实际工作情况，

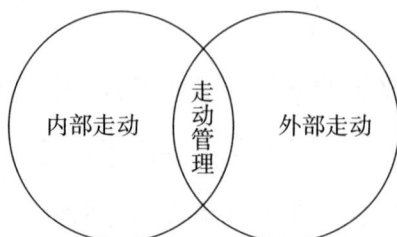

图8-4　走动管理

加强与员工的沟通，根据自身所能了解到的信息做出合理的决策、制定合适的制度。管理者要带着目的走动，根据问题有针对性地了解情况，同时要有一双善于发现的眼睛，有很多问题无法从员工的言语中探究出来，但是可以通过员工的行为表现出来，所以管理者不仅要与员工加强沟通，也要专注地观察员工的工作状态。内部走动的目的在于了解员工工作情况，发现隐藏的问题并及时解决，这需要管理者加强对员工的关心及重视程度。管理者可以和员工共同探讨解决问题的办法，集思广益不失为一种快速解决问题的途径。

二、外部走动

商业银行管理者如果只关注内部情况，忽视外部环境，很容易造成闭门造车。现在是一个信息共享的时代，想要了解同行及合作对象的详细情况并不困难。走动式管理不但可以在企业内部使用，也适用于了解外部情况，从而使交易关系变为朋友关系，由你争我抢变为良性竞争。在外部环境中，与企业关联性较强的对象主要有合作伙伴、主管部门以及竞争对手。

如图8-5所示，外部走动主要包括以下几个方面。

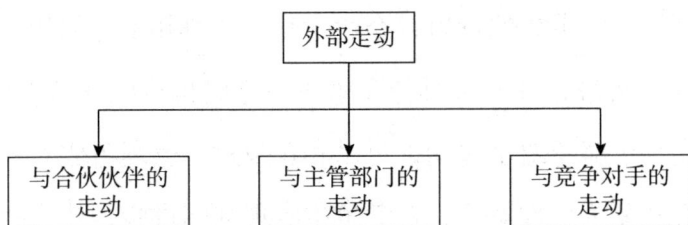

```
        ┌──────────┐
        │  外部走动  │
        └──────────┘
             │
   ┌─────────┼─────────┐
   │         │         │
┌──────┐ ┌──────┐ ┌──────┐
│与合伙伙伴的│ │与主管部门的│ │与竞争对手的│
│  走动  │ │  走动  │ │  走动  │
└──────┘ └──────┘ └──────┘
```

图8-5　外部走动的内容

1.与合作伙伴的走动

商业银行的合作伙伴可以分为两个层级：一个是商业银行作为消费者，合作伙伴是供应商；另一个是商业银行作为服务者，合作伙伴是客户。面对供应商，商业银行不应凭借"客户至上"的道理过分要求合作伙伴，要明白长期合作的重要性，努力与对方成为战略合作伙伴；面对客户，办理业务就是提供服务，不仅要满足客户需求，还要争取做到为客户排忧解难，应该改变营销理念，从等待客户上门变为主动寻找客户，努力开拓企业服务范围。

2.与主管部门的走动

任何企业的发展都必须遵循政策导向，商业银行管理者应该加强与主管部门的沟通，了解详细的有关政策，及时了解政策信息，为企业内部调整预留充足的时间，避免出现措手不及的慌乱现象。

3.与竞争对手的走动

区别于动物世界的竞争，企业之间的竞争并不是你死我活，更偏向于你追我赶，商业银行与竞争对手之间也可以保持友好关系。管理者走动于竞争对手之间，可以和竞争对手管理者成为朋友，由资源争夺转变为良性竞争，在竞争中实现共同进步，使得行业发展良好，为社会发展做出更大贡献。

商业银行实行走动管理，能够全面了解内外部信息。通过对内部信息的了解，可以制定即成即用的管理制度，详细掌握员工工作情况，不断调整制度方案；通过对外部信息的了解，可以加强与各方伙伴的亲密关系，对外部环境的熟知是企业稳步发展的有力保障。管理者走动于内部与外部环境之中，实时了解企业及行业发展现状，制订出的各项方案可行性非常高，对商业银行的运营发展有很大好处。

四级管理：过程管理

过程管理的重点在于对整体进行把握，关注某一环节、某一阶段是远远不够的，只有把握整体的运营情况才能做到真正了解。过程管理将人员、设备、质量、措施、环境作为引起过程波动的五大因素，加以控制。对商业银行而言，要增强员工对企业的忠诚度；设备就是辅助员工工作的硬件设备，要保证其能够正常运转不影响员工工作进度；质量就是材料，要求投入的原材料合格；措施就是制度，制度策略要具有可行性；环境即氛围，要为员工营造良好职场氛围。另外，商业银行要想加强过程管理，应当做到事前计划、事中检查和事后奖罚（见图8-6）。

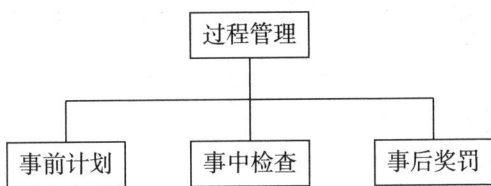

```
                    ┌──────────┐
                    │  过程管理  │
                    └──────────┘
          ┌──────────────┼──────────────┐
     ┌─────────┐    ┌─────────┐    ┌─────────┐
     │ 事前计划 │    │ 事中检查 │    │ 事后奖罚 │
     └─────────┘    └─────────┘    └─────────┘
```

图8-6　过程管理

一、事前计划

所谓事前计划，就是在投入管理之前，预想出可能发生的事情和出现的问题，并提前想好相对完备的应对方案，以保证面对诸多情形能够有所准备，不会措手不及。进行过程管理的首要步骤就是事前做好计划，在做任何事情之前，都要有所计划。有些管理者认为做计划就是在浪费时间，并没有什么意义，但是没有计划支撑的管理很容易没有章法。培根曾说："敏捷而有效率地做事，就要善于安排做事的次序，分配时间和选择要点。只是要注意这种分配不可过于细密琐碎，善于选择要点就意味着节约时间，而不得要领地瞎忙等于浪费时间。"所以说，在管理之前制订计划可以有效地缩短管理时间，达到高效管理的目的。纵然管理者有再多的想法，如果不能进行提前规划，那这些想法就无法整合到一起，就像是散开来的诸多细小的点，明知有用却不能发挥作用。在开展企业管理的过程中，制订计划是一个比较艰难的步骤，但是制订清晰、明确的计划，可以让管理者和银行员工明白不同工作的重要程度，有顺序、有主次地完成任务，这样既可以保证效率也可以保证质量。

二、事中检查

所谓事中检查，就是在管理过程中，要将事前计划好的方案策略应用到实际工作中，观察、监督实行过程并做好记录，事中检查是管理流程中的主要部分。商业银行的发展运营不可能单纯依靠员工自主努力，必然要管理。相应地，管理过程需要相关制度的支撑，在制定管理制度后，即使进行模拟实行，也不比真实情景更有观察意义。因此，在使用管理制度的过程中，管理者需要实时视察中途出现的问题并及时做出调整。管理过程中检查是起积极作用的重要环节。要保证员工工作的质量，就必须做好事中检查。过程管理的重点就是通过事前计划好的管理制度有效提高管理效率，保证管理效果的重要步骤是仔细、全面地进行事中检查。

三、事后奖罚

所谓事后奖罚，就是在整个管理周期结束后，对员工的工作表现做出总结，针对不同员工的表现做出分析评价，指出他们的问题并给出参考性解决方案。商业银行在进行过程管理时，赋予其意义的步骤就是事后奖罚。将员工按业绩水平进行排名，给予优秀员工奖励，对落后员工进行惩罚，可起到鼓励与激励的作用。事后奖罚中的奖与罚可以有多种组合方式，可以是只奖不罚，也可以是只罚不奖，还可以是有奖有罚，奖励与惩罚均具有激发员工积极性的作用。

1.事后奖励的作用

古人云："重金之下，必有勇夫。"往往一个人需要的奖励不仅仅是金钱，更多是被认可。在商业银行经营管理过程中，管理者有必要制定合理的事后奖励制度，对表现良好的员工给予奖励，表达出对员工优异工作表现的认同与支持，提高银行员工对企业的忠诚度。可以说，事后奖励制度是提高企业管理效率的"法宝"，商业银行可以通过公开表扬、发放奖金、提高薪资、提升职位等诸多措施来奖励员工，使员工工作更有动力、做事更有信心。事后奖励的作用可以总结为激发员工工作积极性，提升企业过程管理效率。

2.事后惩罚的作用

知耻而后勇，知不足而奋进。事后惩罚可以让企业员工意识到自己的问题，从而有决心去改变、更正。银行员工在工作过程中，会有自己的想法，但是这些想法并不一定就是正确的。比如，有员工认为公司要求的工作时长为8小时，那自己一天工作满8小时即可，早上可以晚到一会儿，在晚上再补足工作时长便可。试想，如果每个人都这样做，那企业内部岂不是要乱套；所以这种盲目的做法通常会被惩罚。事后惩罚可以让员工认识到自己的错误，进行反思，并加以改正。同时，银行员工可以在先前的事件中吸取教训，提高对自身的要求，在不断努力后实现自身能力的提升。事后惩罚的作用在于利用员工的羞耻心激发潜能，其既可以促进员工能力提升，还可以增强员工对企业的责任感。

事前计划、事中检查、事后奖罚在过程管理中都是必不可少的。管理前做好计划是非常重要的，有计划才有条理；管理中实时检查很是关键，简单地套用制度而不加以调整，管理就变得模式化且缺乏新意；管理后进行奖罚作用非同一般，奖励可以激发员工动力，惩罚可以帮助员工改进自身问题、提升个人能力。总体来说，商业银行在进行过程管理时，管理者要提前做好计划，有方向地开展管理工作，将管理制度运用到实际管理工作中，需要时刻检查，以便及时发现问题并改正，整个管理过程结束后，需要综合性地评价员工表现，根据不同成绩给予员工奖励或者惩罚。

五级管理：联动管理

商业银行进行联动管理的目的是鼓励内外联动、加强上下联动、重视横向联动，提高企业内部的紧密性，形成分工明确、目标一致的工作模式。就个体目标而言，银行员工努力工作是为了获取更高的酬劳，多劳多得的道理促使员工不停地付出努力、挥洒智慧；就企业目标而言，所有员工不懈努力的结果反映在企业总体业绩水平的提高上，银行员工都有个人利益目标，同时有一个共同的奋斗目标，即企业发展壮大。商业银行内部员工与员工的联动、部门与部门的联动、支行与支行的联动都属于联动范畴，联动双方必须达成一致目标，在保证不出现意见分歧的情况下齐头并进，共创佳绩。

如图8-7所示，联动管理包括以下内容。

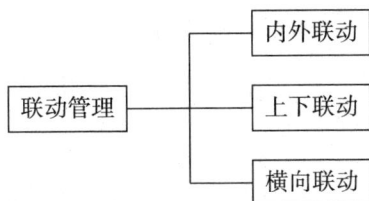

图8-7　联动管理

一、内外联动

内外联动是指对商业银行内部情况与外部环境进行联动式管理，"内"代表商业银行本身，"外"则是指商业银行所处的外部环境以及与外部环境的关系。商业银行的发展依靠内部的员工实力、运营规模的扩大、设备技术的革新等，这些都是企业发展的关键动力。另外，商业银行的运营、发展依托于大的市场环境，一家企业不可能独立存在，要经营，就一定与其他企业、机构有利益往来。商业银行外部环境包括经济环境、技术环境、社会文化环境等，与其他企业、机构的关系包括与客户的关系、与竞争对手的关系等。商业银行的发展动力来自内部环境，发展规模、发展速度受制于外部环境，所以不能单一地关注内部环境或外部环境，而是应该相互结合着看待。通过对内部环境和外部环境进行联动管理，商业银行可以寻找到最合适的发展节奏与方案，实现稳定发展、持续进步。

二、上下联动

上下联动是指商业银行内部上下级之间的相互联动，下级应该主动争取上级的指导支持，上级也应该积极关心下级的工作进展与工作状态，要树立上下联动"一盘棋"思想，科学统一流程。银行员工所在的岗位不同，负责的工作业务也有所不同，上下级之间不仅存在管理与被管理的关系、领导与被领导的关系，也必然存在相互协作、互相配合的关系，上级下达的任务需要下级配合完成，下级的任务规划需要上级的指导。进行企业联动管理，就需要从上下级的关联处出发，如此各层级员工方能加强协作能力，相互扶持着完成工作，为了共同的利益或目标集中智慧开展工作。

三、横向联动

横向联动是指商业银行内部同一层级员工或者部门之间的相互联动、共同合作。企业内部的每一项工作不可能都需要上级的指导与引领，为了提高工作效率，负责相同层级工作的员工可以相互讨论并制订合适的工作方案，相同层级规模的部门也可以共同探讨处理办法、运作流程等。

1.横向联动的关键

横向联动的关键在于横向，商业银行中参与横向联动的可以是员工，也可以是部门，但需要注意的是，无论是员工之间，还是部门之间，关注点应在于相互协作、配合，而不是管理与指导，彼此是合作关系，而不是从属关系。

2.横向联动的表现

横向联动可以跨岗位、跨部门。横向联动的范围是很广的，不应该只局限于相同岗位之上、同一部门之中。为了获取新颖的工作方案、解决问题思路，必须进行跨岗位、跨部门联动。任何员工、任何部门都不可能独立存在，要想获得持续性发展，就必须加强与其他员工的交流，处理好与其他部门的关系，在逐渐亲密的过程中实现互利共赢。

3.横向联动的注意事项

横向联动的注意事项如图8-8所示。

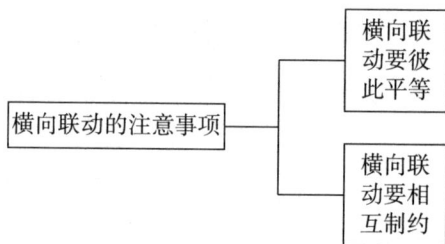

图8-8 横向联动的注意事项

（1）横向联动要彼此平等。

横向联动的目的是参与双方共同协作，对自己的分内工作尽职尽责，并不需要负责多余的工作，彼此之间不存在领导与被领导、管理与被管理的关系，只有工作内容的区别。没有从属关系就不存在地位高低，彼此是相对平等的，负责工作的不同只能代表岗位存在差异，只需要做到各司其职便可。

（2）横向联动要相互制约。

横向联动管理并不是你指挥我、我指挥你，而是互相制约。各方负责的工作内容不同，但共同组合出的是整体工作业务，各自的任务是完成本职工作，而共同的目的是达成整体目标。因为利益驱使，各方产生了联系，即使表面上各方岗位级别有高有低，但在确定参与横向联动之后，各方就只有合作配合，不存在指挥与听从。

关注内外环境、加强上下联动、密切横向协同，是进行联动管理的三大关键，商业银行需要掌握详细信息，及时了解联动工作有关情况，沟通解决联动工作中存在的问题，互通交流情况，明确工作重点。通过联动管理，商业银行的发展情况更加清晰，银行员工可以全面地了解企业运营情况，根据相关信息为自己制订合适的工作计划，保证按时间节点高质量完成目标任务，促进商业银行的业绩稳步提升。

第九章

PK机制的具体实施与应用

PK机制的作用

PK就是企业员工之间的较量，没有较量，就不存在竞争，缺乏竞争，员工活力就会下降。近年来，银行业迅速发展，很多相关企业都引入了PK机制，但能够发挥这一机制真正作用的企业并不多。如何让PK机制作用最大化是商业银行当下急需思考和解决的问题之一。

引入PK机制能够激起银行员工之间的内部竞争。员工在竞争过程中展露能力与锋芒，商业银行更容易发现并发展人才。所以PK机制的存在可以大大激发员工的自信心，提高员工工作积极性。有能力、有信心的员工才能在商业银行中走得更长远，才能为企业创造更高的价值。

PK机制的作用如图9-1所示。

```
                        ┌─ 激发员工工作动力
          PK机制的作用 ──┼─ 发展内部优秀人才
                        └─ 提高团队整体活力
```

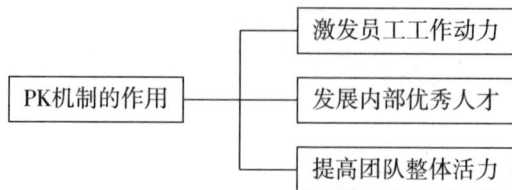

图9-1　PK机制的作用

1.激发员工工作动力

通过PK，银行员工可以看到自身的优势和劣势，能够明确地改进自我。在PK过程中，员工的积极性被激发，工作热情持续上涨，相应地，工作效率也会有所提高。一系列机制、规则设定的最终目的就是通过管理激发员工工作动力。PK机制便是诸多优秀机制之一。在与其他人PK的同时，银行员工可以对自己的优势予以肯定并保持，对自己的劣势也不会逃避，会通过不懈努力来改善情况。

2.发展内部优秀人才

随着PK机制的导入，银行员工之间的竞争会更加透明化。有比较，就会有压力，在诸多压力的承接与化解过程中，员工的潜能很有可能会被激发出来。为了胜出，员工会发挥自己真正的实力，商业银行便可以在观察、了解的同时看出员工的真实实力，从而发掘不少优秀的人才，并为其提供再次发展的机会。

3.提高团队整体活力

商业银行的内部PK使得企业的日常工作不再"风平浪静"，会出现一些波澜，PK进行的同时，银行员工之间的交流会逐渐增多，整个团队的氛围也变得活跃不少。企业内部的良性竞争需要PK机制作为媒介，员工之间既是竞争对手，也是合作伙伴，从而相互激励、相互成就。PK的真正目的是激发全体员工的工作动力，提高团队活跃度，而不是让员工相互排挤、恶意竞争。

PK机制的导入

PK可以为团队注入活力，激发员工工作动力。引入PK机制对商业银行而言是一个明智之举，通过PK，银行员工的工作积极性可以得到不断激发，为了自身利益愿意付诸行动；商业银行内部的竞争也会随之激化，员工为了得到奖励努力工作的结果就是企业利益持续上涨。认识到PK机制的重要性之后，如何导入PK机制就成为一个值得思考的问题，合理可行的PK机制导入流程是必不可少的。

一、PK机制导入原则

企业在针对内部情况制定合适的PK机制后，就需要将所制定的机制导入管理之中。在此过程中，要遵循一些原则：首先，鼓励员工参与PK，做到人人都参与其中；其次，PK机制不是一成不变的，可以根据员工的适应程度由简到繁；再次，PK机制的导入和企业新规章制度的颁发相差无几，所以应该正式一些；最后，PK不能只是员工之间的个人PK，也要注重团队之间的PK，员工需要成长，团队更需要进步（见图9-2）。

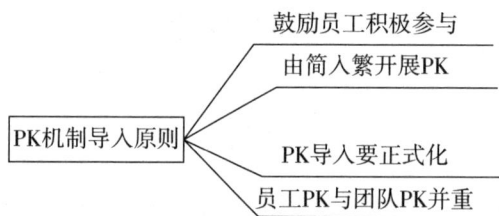

图9-2　PK机制导入原则

1.鼓励员工积极参与

企业是由员工组成的，员工属于企业。对于企业导入PK机制，作为企业的一部分，所有员工都有参与的资格，也有参与的必要，只有所有人都参与到PK中，才可以发现PK机制的可行度，员工也可以借此发现自身的能力缺陷之处。员工应该多多参与企业的PK，掌握其中技巧来提升个人能力。为了鼓励员工积极参与PK，商业银行可以采取一些方法，如单独劝解，为员工讲述清楚参与PK的好处。另外，企业的领导人员，应该起到带头作用，为员工做一个标杆，领导人员积极参与PK也可以带动员工积极参与。

2.由简入繁开展PK

在很多企业内部，PK机制的导入涉及的领域极多，实行起来很是烦琐。对于成立时间较久、PK经验较为丰富的企业来说，越是烦琐的机制就越能发挥作用。相反，对于部分刚准备导入PK机制的商业银行来说，最好的做法就是由简入繁地制定PK机制，一开始可以在早会、周会上开展小型的PK活动，可以是工作经验分享与作用评价，也可以是小游戏。商业银行可以通过这些简单的PK让员工了解PK情况、掌握PK技巧，之后便可以制定更加烦琐、精细的PK机制。

3.PK导入要正式化

在确定要导入PK机制时，商业银行应该让员工有所准备。商业银行不能草率地导入PK机制，这很容易导致员工措手不及，影响PK结果的真实性。因此，企业应该组织一个正式的PK机制导入通知会议，详细地通知每位员工，这种公开、正式的形式更能激发员工的表现欲。为了获得在他人心中的较高评价，银行员工大多会选择铆足劲去努力，在尊重每一次PK结果的同时坚定下一环节追求PK优胜的决心。这样一来，商业银行便能达到激发员工动力的目的。

4.员工PK与团队PK并重

企业内部的所有员工既是独立的个体，也和其他员工存在关联性。就商业银行来说，内部的员工各司其职，各自的工作具有衔接性，将一个工作流程中所有员工的任务整合到一起才是一个完成的业务。总而言之，企业内部有许多员工，这些员工属于不同的团队，几乎没有一个人能独立完成整个项目，这就要求企业在制定PK机制的时候同时考虑到员工PK与团队PK，做到员工PK与团队PK并重。员工PK结果呈现出员工的业绩水平和工作能力，企业可以根据结果为员工设定新的工作任务量；团队PK结果呈现的是团队的业绩水平和协作能力，企业可以根据结果向团队下达适度的任务量。

二、PK机制三部曲

PK机制的导入不仅要讲究原则，也需要注意不同阶段需要采取相应的措施，可以将PK机制的导入大致分为三个阶段，即PK前、PK中和PK后，在PK前要规定原则，在PK中要造势，通过定期汇报、考察，提醒员工PK无处不在，在PK后必定有相应的奖惩，维持PK的意义（见图9-3）。

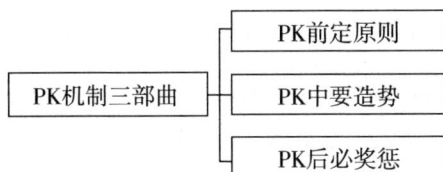

图9-3　PK机制三部曲

1.PK前定原则

PK机制的存在是为了企业的业绩增长，也是为了员工的能力提升，所以设定的考核标准要符合实际。有的企业管理人员认为只要有PK，员工潜能得到激发，员工就一定会有高成就，比如，对于新员工的PK机制考核标准是达到与资深员工同一水平，这很明显是异想天开。员工参与PK是为了获得奖励，这些奖励应该看得见、摸得着。多数企业是以奖金作为奖励，其实也可以奖励其他内容，如游乐场一日游、实用小奖品等。但是商业银行要注意，为员工设定的奖励一定是他需要的，假如奖励刚步入职场的年轻员工一些母婴产品就很不合理，对员工的激励作用并不明显。在PK前，商业银行要制定精细的制度，比如，是发放奖励还是制定惩罚，是分组PK还是"擂台"PK，这些都需要讲述清楚。了解PK机制的具体内容，员工才可以投入其中。

2.PK中要造势

PK机制导入后，不能只在前期发挥作用，企业制定PK机制的目的是长期激励员工。所以在实行过程中，商业银行要多关注PK的实时情况，可以定期公示PK情况，规定汇报周期，如是一天一汇报还是一周一汇报，这样能够定期提高员工警觉性。要让PK文化融入企业文化之中，可以选择张贴PK排名榜、将PK内容制作成海报、在每次会议鼓励员工表达PK感想等，这样能够让员工意识到PK时刻进行并积极参与PK。

3.PK后必奖惩

奖惩制度通常会伴随着PK机制一同产生，企业在制定PK机制的同时就需要将奖惩内容标注清楚，一旦没有奖励和惩罚，PK就失去了意义。奖励引起员工的向往心理，为了获得奖励，员工会不断努力。奖励标准要合理，不仅要让员工满意，也要在企业的可承受范围内。比如，员工如果完成较小的业绩，可以发放100元奖金，如果完成较大的业绩，则可以获得1万元奖金。惩罚引起员工的规避心理，为了不被惩罚，员工也会不断努力。惩罚不能过激、过度，对于很多员工来说，奖励竞争对手也是一种惩罚。除此之外，商业银行可以选择让员工撰写报告等形式让其反省问题所在。

PK 机制的导入要讲究原则，不同阶段有不同的措施，维持 PK 机制的时效性，这样能够长期激励员工积极性，让员工为企业不断创造价值。PK 的结果对应着奖励与惩罚，适度、合理的奖励项目更具有可行意义。商业银行在导入 PK 机制的过程中，一定要注重员工反响，并根据员工反馈不断完善制度，力图制定完美、合适的 PK 机制，让员工开心、企业安心。

PK机制的实行过程

商业银行内部 PK 机制的实行是一个相对完整的过程：第一个步骤是制订 PK 计划，包括 PK 参与对象的确立、PK 考核标准的确定、PK 奖励内容的设置；第二个步骤是营造 PK 氛围，包括 PK 文化的宣导、PK 信息的张贴、公开展示 PK 结果，并正式为获胜者颁发奖励（见图9-4）。

图9-4　PK机制的实行过程

1. 制订PK计划

参与PK的主体是员工或团队，对于商业银行此类规模庞大的企业而言，PK可以在员工之间、部门之间、支行之间等进行，这些参与PK的主体要处于同一层级，这样更具有PK意义。PK考核标准比较泛化，包括业绩数额、增长数量、增长速率等，最好以数值作为标准，这样可以更加清晰地反映出PK参与主体的差距。有PK，就会有奖励或惩罚，多数企业为了引导员工良性竞争，会选择设置奖励项目，企业规定的奖励项目要符合实际，既是员工所需，企业也可兑现。

2. 营造PK氛围

PK机制的导入需要有氛围，进行PK也需要氛围，公示PK结果同样讲究氛围。商业银行应该选择在一个正式的场合发布PK信息，让所有员工都清楚PK开展的时间，例如，可以在企业的文化墙张贴PK信息，让PK文化融入企业文化中，使PK文化环绕在员工的周围。商业银行在公示PK结果的时候，也应该营造仪式感，不仅展现结果，也鼓励表现优异者分享自己的经验。

PK的最后环节就是公示结果，根据结果为优胜者颁发奖励，要营造一个正式的氛围，如可以选择在会议室由领导人员或落败者为优胜者颁发奖励。在奖励兑现后，所有PK参与者共同总结，落败者可以说明自己遇到的问题，由优胜者进行一对一讲解，为下一次的正当竞争、积极 PK 蓄力。

企业需要制订 PK 计划，要做到周密精细，尽可能考虑多方面因素；企业需要营造 PK 氛围，PK 的进行需要推动，一个合适的氛围可以为 PK 的开展提供动力，受氛围影响，企业内部竞争更加激烈，员工更有工作动力。

设计 PK 机制规则

商业银行引入 PK 机制，重要的关注点就是设计 PK 机制规则，设计了详尽的规则，员工 PK 和团队 PK 就可以有序展开了。"没有规矩，不成方圆"，没有规则，PK 就会杂乱无章，混乱的 PK 机制并不能发挥太大的作用。企业的 PK 机制规则设计主要针对四个方面，分别是 PK 参与主体、PK 考核标准、PK 时间周期、PK 奖励兑现（见图9-5）。

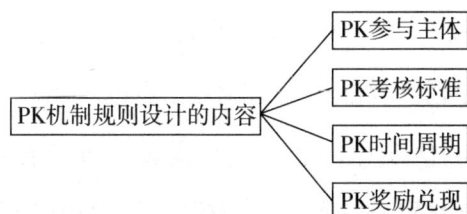

图9-5　PK 机制规则设计的内容

一、PK参与主体

常见的企业PK形式一般有员工PK和团队PK，员工PK是个人之间的成绩比较，这里的成绩不单指业绩，也指客户满意度、领导认可度等。就业绩而言，可以是每月业绩，也可以是每年业绩；就客户满意度而言，每个员工都有独特的服务风格，不同客户喜欢的服务类型也有所不同，通过PK抉择出的客户满意度高的员工，可以作为企业员工的学习对象；就领导认可度而言，一位合格的领导人员会关注员工业绩的同时关注员工的工作态度等，可以全面地考核员工。团队PK一般是小组之间的比拼，规模越大的企业，内部的团队就越多，团队PK的项目可以与员工PK的保持一致，最终考核结果只是从个人量变为团队总量而已。

二、PK考核标准

企业设计的考核标准最好是单一的，企业可以设定多个考核项目，但每个项目考核的标准只能有一个，不同员工、不同团队的擅长之处与短处并不相同，可针对不同的点设定不同的考核项目。在每个项目中，只需要关注一个点的优劣即可，这样可以让员工与团队清楚发现自身的优缺点，做到扬长避短、取长补短。考核标准单一化，还可以让PK机制简单化，如果这样的PK机制能够快速地实行下去，对企业发展的推动作用也就更直接。

三、PK 时间周期

PK 机制中，考核周期不宜过长，也不宜过短，最好是以月为单位。如果以星期为周期，员工的注意力一般还不能完全投入工作中，员工往往需要一到两天缓冲与适应，这样几乎就耽误了一半的时间，PK 的结果容易出现偏差；如果以季度或年为周期，时间区间过长，员工在工作过程中会逐渐失去对奖励的兴趣，到 PK 后期，工作动力也会下降。以月为周期，员工可以在合适的时间内尽可能地展现能力，以便企业发现优秀人才。

四、PK 奖励兑现

PK 周期一到，企业就要及时兑现奖励，这不仅是员工这一考核周期应得的奖励，更可以成为下一考核周期的动力。员工会意识到只要自己 PK 胜出，就一定会有奖励，所以也会更加有工作动力。企业规定的奖励一定要合理，需要符合两点要求，一是 PK 参与者可接受，二是 PK 机制制定者可承担。无论是员工还是团队，参与 PK 的初衷都是获得奖励、得到认可，合理的奖励要能引起员工关注。同时企业要及时兑现奖励。

商业银行引入的 PK 机制不能只有具象化的 PK 内容，商业银行也应该设计相应的规则，有规则才能有秩序、有秩序 PK 机制才能有条不紊地实行。商业银行制定的 PK 机制，一是要规定参与者是个体还是群体，这样能够有针对性地确定考核标准；二是要以单一指标为考核标准，标准可以清晰地反映出能力与问题；三是要规定合适的考核周期，保证在周期内，员工既能维持工作热情，也能展现真正的实力；四是奖励要符合实际，也要及时兑现，提高员工的满意度。

PK机制奖励方法

PK机制中设立的奖励项目是员工的动力所在，明确规定出奖励方法对PK参与者的鼓励作用会更明显。考核标准不同，对应的奖励方法也会有所区别。只有设定完备的奖励方法，企业的PK机制方可发挥出更大作用，促进员工工作积极性提高、企业业绩提升。

一、某小饰品公司的PK机制奖励方法

该企业规定的PK参与者为分店所有销售人员，考核周期为一个月，不同的考核标准对应的奖励项目如下。

第一，服务过的客户资源进行二次购买，交易数量最高者奖励200元。

第二，预留客户电话数量最高者奖励200元。

第三，自然客户进店并达成交易数量最高者奖励200元。

第四，自主邀请客户并达到交易数量最高者，奖励200元。

第五，月末考核销售数量最高者，奖励300元。

第六，月末考核销售量增长数最高者，奖励100元。

此项PK奖励方法主要针对的是销售人员，考核标准在每一项考核中都单一且清晰，多项考核互不干扰，如此可以看出不同员工在各方面的表现。假如员工A能够获得第一项考核奖励，员工B能够获得第四项考核奖励，那么就可以说明员工A更擅长维系客户关系，员工B更擅长开发客户。企业就可以在下一阶段让A、B两名员工集中注意力在自己擅长的方向，这对企业的整体业绩上升有很大的促进作用。

二、某银行网点分组PK奖励方法

PK原则：公平、公正、公开。

PK计划：以一周为短周期，以一月为长周期，在每一周期内，对网点各小组的业务完成量进行排名，每个小组指定一名组长，由组长为员工规定任务，短周期对应小奖励，长周期对应总量奖励。

奖励方法：短周期奖励以小组为单位，第一名奖励200元、第二名奖励100元、第三名奖励50元；长周期奖励为第一名每人奖励200元、第二名每人奖励100元、第三名每人奖励50元。

该银行网点的PK参与主体主要是小组，该网点主要考核小组整体的业绩，考核讲究公平、透明，对于考核结果所有参与者均具有知情权。组织PK的网点承担奖励支出，每周或每月定期激励小组。无论是短周期奖励，还是长周期奖励，对优胜组来说都是一种鼓励。企业对员工的鼓励可以是物质上的奖励，如奖金、奖品等，也可以是精神上的表扬，高层领导的认可对员工来说也很难得。网点可以邀请总行的领导前来视察，对表现优异的小组进行表扬，既能让领导满意，又可以激发员工积极性。

相对员工PK奖励方法而言，团队PK奖励方法所需要的资金会更多，但团队为商业银行创造的价值比员工个体多很多。不同考核机制有不同的好处，无论是员工PK还是小组PK，发挥作用的一个共同点就是企业要兑现奖励。企业要设定合理可行的PK机制奖励方法，为PK参与者提供相应的奖励，这在员工PK过程中能够激发员工潜能、提高员工工作积极性；在团队PK过程中可以有效提高凝聚力，加强团队协作能力。

PK机制注意事项

PK机制的引入并不是一蹴而就的，商业银行应该制定完整的机制，调研PK机制的可用程度与后续作用。PK机制要做到有度、有用，适用于所有员工的制度才是真正适合企业的制度，如果只能在一部分人身上发挥作用，那也不算是合格的制度。商业银行针对内部管理情况的一系列制度都需要经过测试、试行与导入，PK机制也不例外。所以在制定PK机制的过程中需要注意很多要点，这样才可以制定出企业适用、员工满意的制度，从而为企业及员工创造更多价值。

PK机制注意事项如图9-6所示。

図9-6　PK机制注意事项

一、要有分寸感

PK引起的直接结果就是员工之间的比较，用来被比较的主要是个人业绩、团队业绩。PK机制由企业制定，企业需要考虑到员工的实际能力，允许员工比较，但不能产生恶性竞争，要讲究分寸感。

在很多企业内部PK无处不在，有的员工担心自己的业绩会被别人比下去，所以会无休止地加班，这一类人常常早出晚归，工作时间比企业规定的长很多，这样的结果可能是员工业绩提升，但身体吃不消了。另外，有些员工的意愿是做好自己的本职工作，他们喜欢平静的工作生活，企业却强迫他们参与PK，给员工规定超出工作时长的任务量，员工不得不加班或占用休息时间完成工作，久而久之，这些员工的工作热情会减退，导致企业员工业绩下滑、离职率高等。

控制PK的分寸，需要企业根据员工能力做好计划与安排，也需要员工认清自己的需要，不是盲目地比较，而是有目标地计划。再完整周密的PK制度如果没有分寸，都不可能真正发挥作用，它可能会在短期为企业和员工带来好处，但一定不是长久之计。

二、要有随机性

通过PK。企业可以抉择出相应范围内的优胜者。企业PK不会只有一次，那么多次PK中的优胜者也不应该是同一批人。假如每次PK的标准都一致，最终的优胜者基本也就相同。对于其他人而言，无论参与多少次PK都没有什么价值，所以企业制定的PK机制应该让所有员工都有成为优胜者的可能。

PK如果具有随机性，员工就会意识到可以通过努力而获得奖励。员工只有充满期待与希望工作，才更有工作动力，从而做到诸多想象不到的事情，既可以提升自身能力，也可以为企业创造更多收益。

三、要讲求公正

任何事情一旦失去了公平性，就无法发挥出其本身的作用。PK机制也需要讲究公正，不讲公正，PK考核的结果就不具有参考性，企业就无法估测出员工的实际能力。

有一家企业为员工设定了新的工作任务，每个月月底发放一次奖金，但是该企业实行累积制，也就是一直以总量为考核标准，比如，第二个月比较的是第一个月和第二个月的总量，第三个月比较的是第一、第二和第三个月的总量。这样的考核表面看起来没有什么问题，但随着时间的推移，总有员工会因为一些私事请假，从而耽误工作完成情况，与其他人相比总会慢上一截，并且这个差距弥补很困难，导致很多员工在明知道无法获得奖励的情况下选择消极怠工。了解到这一情况，企业及时做出了制度调整，规定考核标准改为日平均任务完成量，考核区间改为一个月，也就是最终考核的是员工的总任务完成量与工作时长的比值，在实行一段时间后，企业员工的工作积极性明显提高，企业的运营也更加稳定。

可以看出，一个公平PK机制的存在可以为企业以及员工带来诸多好处，能够让员工在PK中成长，并且收获奖励，也能够让企业业绩提升、运营平稳。

四、要有针对性

PK可以作为完善企业发展的工具，几乎所有企业都会在发展过程中暴露出短板。如果任由其发展，很容易导致企业外强中干，企业可以通过PK补上短板。

有一家主攻时尚的企业自成立以来，业绩提升速度很快，在行业内逐渐崭露头角。因为主要对标的市场消费者是年轻群体，所以企业招聘的员工年纪都偏小。一群年轻人在一起，有干劲，也有活力，多方面表现都很好，但是在纪律方面就有些过于自由，迟到早退现象时常出现，领导人员秉持"理解"的态度一直疏于管理。直到某次有一名大客户前来询问业务，负责该方面的人员均未到岗，这名客户失望而归。尽管后面大家共同努力挽回了这一客户，但是这一事件的发生还是在行业内产生了很大的影响，成为被对手企业诟病的一个点。经过此次事情，领导人员和其他企业员工都认识到问题的严重性，于是制定了关于纪律方面的PK制度。在一些简单奖励的刺激下，企业纪律方面的问题逐渐减少，运营也更加顺畅。

PK的作用主要是激励员工，但是并不仅仅局限于此，PK可以发挥其他方面的作用。PK的目的不同，达到的效果也就不同，有针对性地制定关于企业不足之处的PK制度，可以引起员工的注意，使企业的短板得到改善，为之后的发展打下坚实的基础。

五、要有普及性

PK机制的普及性一方面是指PK适用范围为全体员工，另一方面是指PK机制的相关规则应该让所有员工知晓。首先，在企业内部，不同时间入职的员工能力会有所区别，在为老员工提供福利的同时企业应该激励新员工，在制定PK机制的时候，可以单独为新员工制定一套机制。此外，所有的员工都是企业的一部分，对于要开展的PK项目都应该有知情权，参加与否是员工的权力，让员工知晓情况则是企业的责任。全员参与PK，领悟PK的意义，可以尽快形成齐头并进的工作态度，让员工将企业利益放在首要位置，以完善自身能力作为提高企业利润的途径。

六、杜绝假PK

很多企业的PK存在造假现象，一开始的目的是激发员工积极性，但是随着效果的明显化，企业就想要将实物化的奖励转变为口头表扬，导致员工对PK的兴致降低。在发布PK机制的同时，企业就应该将相应的奖励准备好并进行公示，如果是资金奖励，企业可以将相应的金额报给财务部，让员工认识到优胜就会有奖励。除此之外，企业应该引导员工的 PK 思想。对于很多员工而言，参与 PK 只是一项工作任务，他们并不是出于自身意愿参与 PK 的。所以企业需要让员工认识到 PK 的好处，让员工从接受 PK 转变为主动 PK。

任何机制都具有双面性，PK 机制也不例外。企业只有在制定过程中全面考虑机制是否合理，才可以让其发挥出真正的作用。商业银行作为发展势头愈加上涨的企业，在引入 PK 机制的时候，更应该规避其负面影响，将这一机制的积极作用尽可能放大。商业银行的 PK 机制一定要适度、真实、公平，要让参与其中的员工感觉到舒畅、自由，要通过 PK 让员工看到自身的问题，并愿意付出努力加以改正、提升。商业银行要通过 PK 发现运营过程中的问题，能够有针对性地改善。

第十章

发挥内部竞争优势的方法

明确目标，注重员工能力提升

银行员工的能力与商业银行的业绩成类似正比的关系，员工的工作能力决定其平时的工作效率，能力越是出众的员工，工作效率也就越高，员工能够为企业创造的业绩就越多。因此，商业银行要明确目标：提升员工能力。如何提升员工工作能力、提升员工哪方面的能力是商业银行需要解决的问题。商业银行只有注重员工能力的提升，才能发挥出企业内部竞争的优势。

一、提升员工能力的方法

员工能力低下的原因主要有以下两个。第一，员工自身不求上进，在商业银行内部，几乎所有岗位的员工都是经过选拔而来的，有些员工认为自己通过了入职考核就具备了相应的工作能力，并不需要过多提升，他们不求上进，导致自身能力下降。第二，企业的培训力度不达标，银行员工在整个工作过程中都需要不断地完善自己，企业应该满足员工的学习需求，为其提供相应的培训，而不是任由员工自行摸索提升。提升员工能力要有针对性，不同的员工需要提升的方面不同，商业银行要做到因人而异；提升员工能力要有计划，商业银行帮助员工提升能力不能是简单口头鼓励，而是要付诸实际行动；提升员工能力要有严谨态度，看得到员工的可能性，商业银行培训员工能力提升才更有价值（见图10-1）。

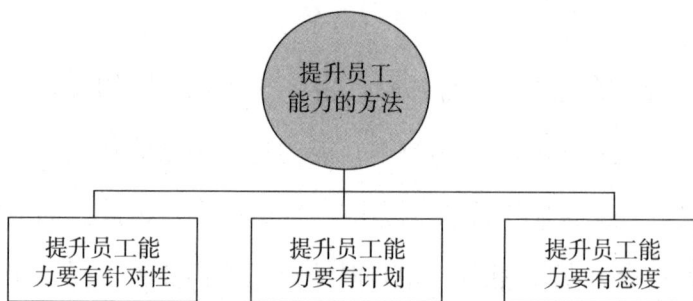

图10-1 提升员工能力的方法

1. 提升员工能力要有针对性

提升员工能力最终是为了提高员工的综合能力，不同员工擅长的领域不同，很多时候员工不能只会一项工作，而应该具备综合能力，不仅要在自己擅长的方面发光发热，也要在不熟悉的领域逐渐进步。针对不同员工的能力表现，商业银行可以根据每个员工的性格、经验、爱好等多个因素进行分析，了解到每位员工能力薄弱的方面，有目标、有针对性地进行培训，使诸位员工可以在自己的岗位上实现能力提升。

2.提升员工能力要有计划

商业银行如果想让员工实现能力提升，就需要制订周密的计划，需要严格地按照计划实施，提升员工的知识技能。企业制定培训制度是为了促进员工能力提升，在对员工进行培训时，方法要多样化，要允许员工选择与自己适配度较高的方法。员工能力提升还需要一个适合的环境，如果周遭的伙伴能力都在不断提升，员工也会产生提升的动力与热情，所以要加大宣传力度。

3.提升员工能力要有态度

提升员工的能力不单是指提升工作能力，还包括提升道德素质。员工需要有自己的道德标准，作为企业的一部分，员工需要明白自己的行为举止也代表着企业的形象。实事求是、不断进取是员工实现自身能力提升的一大关键，有时候，银行员工的能力提升只体现在理论上，缺乏实操经验，这样表面的能力提升并不具有实际意义，员工要做到脚踏实地，不能太急于求成。除了要提升员工的能力，企业也要逐渐培养员工的团队意识。员工在团队的帮助下提高能力，也愿意为团队有所付出，只有大家团结一心，才能提高团队的能力，为企业后续加快发展速度奠定基础。

二、提升员工能力的关注点

商业银行员工应该将提升能力贯穿到工作中去，完成上级下达的工作任务的真正含义不是为了工作而工作，而是为了提高能力而工作，银行员工是否愿意付出努力关系着企业能不能实现业绩增长。银行员工要想提高工作能力，就需要想清楚要提高哪方面的能力，员工表现在工作过程中的能力主要有知识技能、实操技能、服务能力以及创新能力。

如图10-2所示，提升员工能力的关注点有以下几个方面。

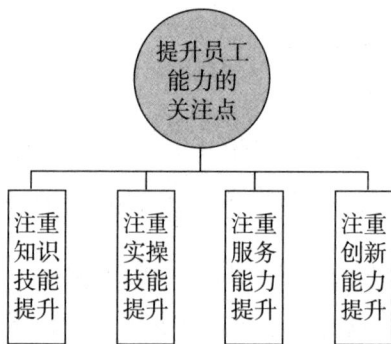

图10-2 提升员工能力的关注点

1.注重知识技能提升

满腹经纶才能胜券在握。从事会计工作的人员要有计算分析能力，从事教师工作的人员要有教学能力经验，同样地，在商业银行工作的员工需要具备相应的知识技能。在日常工作过程中，银行员工要认识到学习的重要性和必要性，如果别人都在进步的时候，自己还原地踏步，那就可能被淘汰。所以银行员工要利用一切机会丰富自己的专业学识，不断提升知识技能。银行员工要明白理论与实际相结合的道理，将自己学到的知识运用到实际中，既能巩固知识技能，又能提高工作效率。

2.注重实操技能提升

"纸上得来终觉浅，绝知此事要躬行"。只有满腹的知识理论，但不能运用到实际工作中去，也是没有意义的。银行员工需要在工作中不断实践自己所学的知识，不要害怕失败，只有敢于尝试才有可能获得意想不到的收获。提高实操技能，需要银行员工从基层工作做起，熟悉整套业务流程，才能在实际操作中游刃有余。商业银行的每一位员工都应该有一个提升的过程，岗位的提升过程也是员工熟练发挥实操技能作用的过程，员工在追求更高职位的同时，自身能力也会得到快速提升。

3.注重服务能力提升

任何行业都存在服务项目，就商业银行而言，表面是客户前来办理业务，实际是员工为客户提供服务，客户对员工服务的认可度决定着商业银行的客户关系维护情况。伴随着银行员工服务能力的提升，其所能获得的认可与赞扬就越多，得到越多鼓励与支持，员工的整体工作能力也会随之提高。同时，个人工作能力的提高，表示员工为客户提供服务时更自然、快捷，不仅效率提高，客户满足度也会提高。

4.注重创新能力提升

商业银行在市场上发展需要不断创新，在其内部，员工的创新能力也需要得到提升。银行员工在工作时不能太过固执，要懂得创新，有很多新员工在入职后，因为不了解具体业务，对工作内容无从下手，这时候资深员工一般会给予帮助，新员工向资深员工学习无可厚非，但是适合别人的工作方式并不一定适合自己，员工应该把别人的方法作为参考，之后在工作中逐渐摸索出自己的方法与节奏。工作不是一成不变的，需要不断创新，市场环境会发生改变，商业银行内部工作环境、业务等都会发生改变，在工作中以不变应万变是行不通的，银行员工要勇于突破、敢于创新，寻求适合自己的策略与方法。

商业银行要想发挥内部竞争的优势，就要注重员工能力的提升，员工能力的提升标志着有限的工作量从开始的上级分配变为员工分割，员工的工作态度从被动转化为主动。为了获得更多的酬劳或者认可，员工通过努力来提升个人能力，工作效率随之提高。在认领工作任务时，员工之间会产生竞争，反过来，随着竞争的产生，有的员工满意，有的员工不满意，要想在下一次的竞争中争取到更多的工作任务，员工就会更加努力地提升自己，所以企业内部竞争和员工能力是相互作用的。

控制竞争激烈程度

有专家认为，企业内部竞争弊大于利，但是为什么依旧有企业鼓励内部竞争？那是因为企业制定出合理的竞争机制可以规避内部竞争的弊端，发挥内部竞争的优势。内部竞争可以激发员工积极性，达到企业利益提升的目的。在某些企业内部，竞争之所以显示出了弊端，大多是因为企业在鼓励员工竞争的过程中没有控制好竞争的激烈程度。竞争是为了共同进步，最终结果不应该是"你死我活"。

一、内部竞争激烈的原因

银行业是一个看重绩效的行业，有绩效就会有比较，有比较就会产生竞争。员工之间存在竞争在一定程度上可以促进工作效率的提高，但是如果商业银行不能把握竞争力度，就会导致内部竞争过于激烈。内部竞争过于激烈，顾名思义，就是银行员工之间过度竞争，造成恶性内部竞争。比如，有的员工加班到八点，就有员工加班到十点、十二点，这样的竞争短期内可能会使个人业绩提高，但是长期过度工作会给员工身体造成压力，不利于身心健康，容易导致后期工作效率下降。从长远角度来看，过度竞争弊大于利。内部竞争激烈的原因主要包括资源分配不均、奖励标准过高，以及缺乏制度约束（见图10-3）。

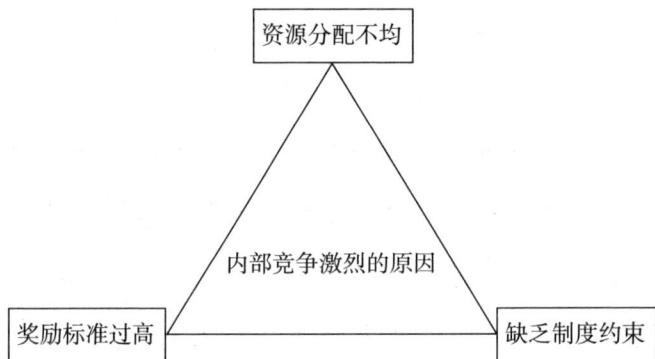

图10-3　内部竞争激烈的原因

1.资源分配不均

资源分配会关系到员工的满意程度，如果不能得到自己预想的资源配置，银行员工就会产生不满情绪。商业银行的资源分配问题主要体现在工作任务的分配，因为员工的最终薪酬与工作任务量相关联，所以在进行任务分配时，商业银行内部负责人要做到公正平等。银行员工在感觉到被不公平对待后，可能会产生消极情绪，也可能会为了满足个人需求与他人进行恶意竞争，导致他人甚至企业利益受损。

2.奖励标准过高

商业银行设立的奖励项目是很多员工的目标所在。获得奖励，既获得物质上的满足，又是精神上的享受。企业规定的奖励标准不应该过高。质量太高的奖励对银行员工有很大诱惑力，他们会为了获得奖励付出努力，奖励标准越高，员工的渴望程度就越高，甚至会为了奖励不择手段，不良竞争随时可能发生。过度奖励会使员工将努力的目的归于奖励，不去剖析其他实现自身价值的内在需求，这时候一旦商业银行提供的奖励质量有所下降，员工的工作积极性会大幅下滑，对企业的发展很是不利。

3.缺乏制度约束

很多人都呼吁员工是自由的个体，但是处于企业之中，员工的行为并不能绝对自由，员工必须依照企业条例要求行事。缺乏制度约束，银行员工的行为会过度自由，可能会打破公平机制，与他人产生恶性竞争，导致商业银行内部职场氛围"硝烟弥漫"，无法营造和谐的工作环境。

二、如何控制竞争激烈程度

激发银行员工内部竞争要把握程度，竞争是一把双刃剑，如果运用不好就会起到反向作用。没有力度的竞争对员工不痛不痒，但力度过大会引起恶性竞争，所以商业银行在鼓励员工积极参与竞争的同时要控制竞争激烈程度。想合理控制竞争激烈程度，商业银行需要均衡分配资源与工作任务，提高员工的满意度，也要设立合适且符合实际的奖励标准，起到激励员工但不激化矛盾的作用，还要制定员工行为约束制度，严格地把控员工竞争行为。

如何控制竞争激烈程度如图10-4所示。

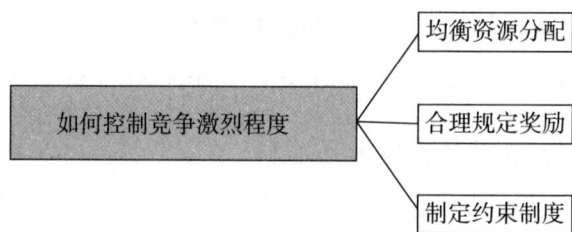

图10-4　如何控制竞争激烈程度

1.均衡资源分配

资源的均衡分配不是指平均分配，比如，一个西瓜要分给四个人吃，不同人的食量不同，最合理的分配方法就是在了解每个人的实际食量之后做出均衡的分配。商业银行在为不同部门、不同员工分配工作任务的时候，要提前掌握各个部门、各个员工的实际工作能力，根据能力安排相应的工作事务，这样不仅能杜绝员工为了自身利益与他人进行过度竞争，还可以避免员工因为能力不足而不能按时按量完成工作任务。

2.合理规定奖励

商业银行设立的奖励可以是奖金、礼品，也可以是假期、旅游机会等，但是要把握程度，如奖金数额偏小、礼品重在实用不在价钱、假期在于放松不宜过长、旅游机会次数有限等。商业银行设置奖励的目的是激发员工工作积极性，并非奖励本身，所以奖励不可喧宾夺主，适当、合理的奖励标准更能起到激励作用。物质奖励满足银行员工的外部需求，精神奖励更能发挥员工内在驱动力的作用。商业银行设定奖励应该以精神奖励为主、以物质奖励为辅，奖励办法有很多种，可以从增加工作时间自由性、满足员工部分需求等多方面予以员工合理的奖励。

3.制定约束制度

商业银行的制度包括招聘制度、分配制度、绩效考核制度、奖惩制度等。在多数制度中，商业银行都应该强调对员工行为的约束，比如，在分配制度中，规定员工在完成已分配任务后，可以征求进度缓慢的员工的意见，如果对方能力有限并愿意将自己的任务及对应报酬分配出来，员工可以承接对方已分配出来的任务。商业银行也可以间接地制约员工竞争行为，如运用重奖轻罚政策，在引入奖罚制度后，表现优异的员工理应受到奖励与表扬，对于工作完成效率不佳的员工却不能直接进行惩罚。首先要了解耽误员工工作进度的原因属于员工自身原因还是外界原因，如果是后者，企业盲目地惩罚会让员工认为未受重视，会打击其工作积极性，而有情有理的奖罚制度有利于员工积极向上工作态度的培养，从而可以避免竞争激烈情况的发生。

商业银行引入竞争机制时要注意，竞争一定是良性竞争，不能是恶性竞争。首先，商业银行作为一类规模较大的企业，其内部工作分配详细，很多时候，同一层级部门会有很多个，在为这些部门分配工作任务的时候要做到公平均衡、提供的表现机会均等。其次，制定奖励制度可以激发员工的工作热情，但是奖励机制要控制程度，如果给出太高的奖励标准，容易引起员工过度竞争，导致恶性竞争行为出现，影响企业正常运作。最后，在鼓励银行员工竞争的同时，要制定完备的约束制度，限制员工的行为表现，杜绝不良竞争的出现，努力控制内部竞争激烈程度。

确立合理淘汰机制

淘汰机制是一种强制的考核机制，这种机制的淘汰结果经过内部竞争产生，它能够给员工带来压力，从而可以促进员工的工作积极性提高，达到增强企业的总体实力的目的。所谓淘汰机制，就是在对员工业绩、能力、表现等综合考核后，进行一个综合能力的排序，在排序结果公示后，向排名靠前者发放奖励或予以表扬，或者对排名靠后者采取惩罚或淘汰办法。

一、淘汰机制的原则

商业银行的员工质量对企业后续发展起到了关键性作用，一般情况下，招聘人才、分配人才以及留住人才是企业在人力资源管理中必要关注的问题，伴随着引入新的人才、合理分配工作任务、维持员工黏性这一系列事务的进行，会有能力与岗位不匹配的员工被淘汰。淘汰机制在商业银行内必然存在，也必须存在，不制定淘汰机制，企业内部会出现员工工作积极性不高、团队活力下降、总绩效无法提升等诸多问题。淘汰能力薄弱、不求上进、消极工作的员工需要一个完整的机制，企业确立淘汰机制要有过程、有原则，这样才能保证考核结果具有说服力，能够被员工认可与接受。

如图10-5所示，淘汰机制的原则有以下几点。

1.试用期考核

淘汰机制要有过程，讲究前后顺序，商业银行在考察员工能力时，首先要关注试用期。商业银行招聘员工时，通常会设置笔试或者面试环节，笔试能够考核员工的知识理论基础，面试则是对员工基本能力的测试，但是无论哪一环节，都不能真正反映员工是否真

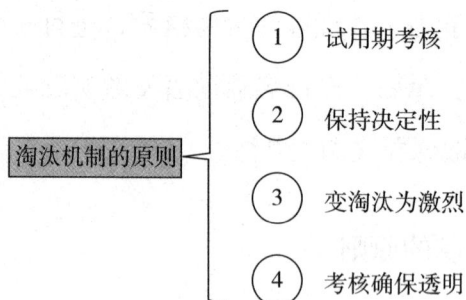

图10-5 淘汰机制的原则

的合适应聘岗位。因此，企业需要规定一个试用期限，利用这一时间区间，对员工进行更加详尽的了解观察，做出更加精细的考核，判断员工能否胜任岗位工作，是否适合长期就职，并根据考核结果决定新员工的去留。

2.保持决定性

淘汰机制的内容主要包括两方面，一方面规定员工的哪些行为属于被淘汰范畴，另一方面说明员工行为对应的惩罚形式。管理者在考核员工时，要做好记录作为凭证。淘汰过程中，多数员工会对自己的行为进行辩驳，管理者需要做的就是用事实讲道理，提供记录凭证、告知员工结果，这样能够提高管理效率。淘汰机制具有强制性，管理者需要遵循淘汰规则，制度要求是针对所有员工的，必须做到一视同仁，不能对任何人有所偏袒，管理者也不能有"恻隐之心"。考核结果保证准确性，淘汰机制必须保持决定性，一旦决定就不能再有更改。管理者需要在行使淘汰权的同时为自己树立威信，只有被员工信服，才能让自己管理的团队更有纪律、员工更有动力。

3.变淘汰为激励

确立淘汰机制的结果通常表现为能力薄弱的员工被惩罚或淘汰，这导致部分管理者盲目地认为制定淘汰机制的目的仅仅是为了淘汰员工。这种认知存在错误，制定淘汰机制也可以是为了激发员工积极性。有些企业管理者认为，不断地引进新员工才能让内部工作动力饱满，优秀员工的引入固然有利，但也有一定的弊端，员工在企业内部不可能独立进行工作，一定需要团队协作，新员工的出现就代表团队内部需要进行新的磨合，这也是一个消耗时间成本的过程。如果企业员工整体能力过关，企业可以考虑细化淘汰机制，平时的淘汰机制偏重于惩罚，结果是惩罚或淘汰能力偏低的员工，如果员工之间能力差距较小的话，企业可以根据运营情况设定一个"及格线"，只要员工考核结果超过"及格线"，就可以免于被淘汰。当全体员工都满足企业要求时，企业可以将淘汰机制偏重于奖励，为表现优异者发放奖励。确立淘汰机制如果只罚不奖，产生的工作压力很有可能会超过员工承受范围，容易引起不正当竞争。为了发挥内部竞争的优势，商业银行制定的淘汰机制就必须变淘汰为激励，主要目的是激发员工产生工作动力，淘汰只能作为诸多考核结果和处理办法的一种。

4.考核确保透明

商业银行的淘汰考核要确保透明，透明内容包括两部分：一是淘汰考核制度要透明，让员工知晓具体的考核内容和淘汰政策；二是淘汰考核结果要透明，需要将最终的结果告知员工，让员工知道被淘汰的原因。商业银行确立的淘汰机制要公平、公正，在考核开始前，每位员工都是被考核的对象，都有权利与义务了解具体的考核办法与政策，在不被告知具体淘汰内容的情况下，员工并不知道自己的实际处境，最终所表现出来的能力很可能会与实际能力有偏差。引入淘汰机制的作用有很多，其中比较重要的一点是激发员工工作积极性。银行员工不知晓淘汰考核机制的存在，无法产生紧张感和危机感，就难以发掘自己的潜能。员工进入企业是企业与员工的共同需要，员工被企业淘汰，是企业的单方面决定，商业银行要想让员工信服企业决定，就需要将考核结果告知员工，让对方清楚其中缘由，才可以保证银行员工不会对企业生出恶意想法。

二、淘汰机制的作用

淘汰考核制度是绩效考核制度的一种，可以起到激励员工积极性、提高团队效率、促进企业发展的作用。在商业银行内部各部门中激励势在必行，缺乏激励的团队是工作效率低下的。淘汰机制的强制性可以让员工感受到压力，激发他们的积极性，通过内部竞争使得团队成员处于积极向上的工作状态。银行员工过剩会使企业资源分配出现问题，引发员工消极情绪，导致团队绩效不佳，也会对企业的发展造成不良影响。

淘汰机制的作用如图10-6所示。

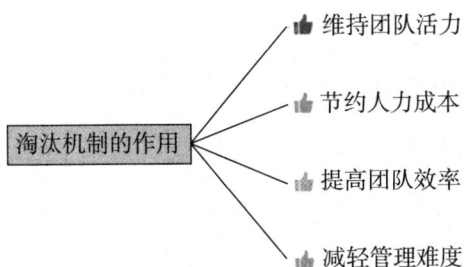

图10-6　淘汰机制的作用

1.维持团队活力

商业银行确立合理的淘汰机制，可以形成企业内部"常换常新"，通过淘汰旧的员工，引进新的员工，活跃团队氛围。长期处于不变的工作环境，维持不变的社交关系，银行员工只能日复一日地重复机械化的工作，自身工作热情难免会逐渐消退，整个职场氛围也会变得索然无趣。商业银行要根据银行员工平时的表现和能力高低适当地制定淘汰制度。会有能力不符合岗位要求的员工被淘汰，为了弥补岗位空缺，维持内部工作稳定运营，商业银行就必须引进新的员工填补空缺。职场人员出现变动，商业银行内部的工作氛围便会活跃起来。新成员的加入可以为团队带来新气象，让银行员工有新的体验，老员工加强与新员工的交流与了解，可以提高团队的激情与活力，也能够提高工作效率。

2.节约人力成本

实行淘汰机制，确定淘汰结果，需要消耗一定时间观察员工在工作中的表现，在考察员工行为的过程中，商业银行有时候可以发现部分工作人员过盛的问题，这时候就可以适当淘汰掉懒散的员工，这样可以为企业节约人力成本。俗话说："钱要花在刀刃上。"商业银行与其支付不必要的酬金给非必须员工，不如将节省下来的成本奖励给优秀的员工，达到鼓励优秀员工、激励其他员工的目的。除此之外，比起负责管理与考核工作的领导人员，银行基层员工在一起工作相处的时间要更久，长期与懒散的员工一同工作，其他员工也很容易产生消极情绪，不利于工作正常进行，对商业银行有百害而无一利，所以合理的淘汰机制很有必要。

3.提高团队效率

银行员工的能力越高，为企业创造的利益越多，员工之间的能力差距越小，管理者的工作难度就越低。因此，确立合理的淘汰机制可以帮助商业银行淘汰能力薄弱的员工，提高团队的工作效率与管理效率。企业不是慈善机构，不会一直包容员工的不作为与不努力，企业发展不会停滞不前，员工也要不断努力与提升。对于不能跟上团队脚步的员工，商业银行要及时做出调整，可以将其分配到工作难度较低的岗位或者辞退。团队所有员工的能力相近，并且能够做到共同进步，就可以为企业创造更高的利益价值，有利于企业的发展壮大。

4.减轻管理难度

在一个工作集体中，时常会有不合群、不受其他人欢迎的员工，这些员工通常表现为不配合团队工作、不注重集体氛围，或者自己的行为影响他人，所以这类人员的离开对商业银行来说是一种减压。随着顽劣员工的减少，管理者对团队的管理效率随之提高，管理难度随之下降。在不受他人工作行为与情绪影响的情况下，银行员工可以更加专注地完成自己的工作任务，更加认真地服从上级领导的管理。由此可见，实施合理的淘汰制度，可以提高团队的管理水平，减轻管理人员的工作难度，促进员工的工作效率提升，从而使商业银行的综合实力提高、发展速度加快。

确立合理科学的淘汰机制对商业银行来说属于人力资源管理范畴，无论是淘汰劣势员工，还是引进优秀员工，势必会引起团队内部氛围波动，帮助商业银行保持活力。实施淘汰制度可以促进新的管理方法产生。随着内部人员的变动，商业银行原有的管理制度会调整，以便于细节管理到位。银行员工的能力得不到提升，会对企业的发展产生不利影响。引入淘汰机制，商业银行就获得辞退能力不佳员工的机会。实行淘汰机制的过程中，管理者会付出精力管理考量各位员工的实际工作情况，可以发现部门岗位人员过剩问题，通过合理裁员节约人力成本，提高团队管理效率。

培养员工竞争意识

　　商业银行的不断发展需要内部竞争的激发，企业如果一直想保持稳定运营状态、实现稳健发展壮大，就必须培养员工竞争意识。竞争可以提高员工的工作积极性，保持企业活力。鼓励员工参与竞争首先需要培养员工的竞争意识，商业银行内部竞争存在的地方有很多，有竞争就有动力、也就有了进步。在鼓励员工竞争的过程中，强制员工参与是行不通的，只有员工主动参与竞争，才更能发挥内部竞争的激励作用。

　　培养员工竞争意识的要点如图10-7所示。

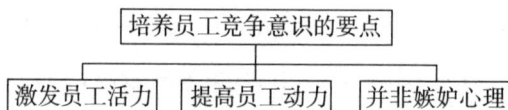

```
        ┌─────────────────┐
        │ 培养员工竞争意识的要点 │
        └─────────────────┘
     ┌────────┬─────────┬────────┐
  ┌──────┐ ┌──────┐ ┌────────┐
  │激发员工活力│ │提高员工动力│ │并非嫉妒心理│
  └──────┘ └──────┘ └────────┘
```

图10-7　培养员工竞争意识的要点

一、激发员工活力

多数情况下，银行员工参加工作一是为了获得薪资报酬，二是为了实现能力提升。每个人都有上进心，愿意为了自己设定的目标而努力奋斗，所以商业银行可以确定一个诸多员工努力的目标，让员工之间产生竞争。商业银行可以通过奖罚机制、竞赛制度等方式激发员工竞争意识，促使员工不断发掘自身潜力，充满活力地投入工作中，最终就可以将员工的积极努力转化为企业的总业绩提高。

二、提高员工动力

没有压力不一定会完全失去动力，但动力一定会有所减退，员工如果长期在一个安逸的环境中工作，可能产生惰性心理，会认为工作完成的质量是高是低、完成的速度是快是慢都无所谓。如果每天工作没有新意，在不变的环境中日复一日重复相同的工作，员工的工作激情一定会逐渐消耗殆尽。与此同时，受员工工作态度与效率影响，企业的发展情况也会不容乐观。面对员工没有工作动力的情况，企业可以引入竞争机制，培养员工的竞争意识，向员工传递享受安逸就会面临淘汰的理念，让员工产生危机意识，在压力下突破自我。如果员工具有竞争意识，就会自发地思考自己的处境，在认真考量之后，员工便能明白。要想在企业内部实现自身价值、展示自身能力，就必须付出努力让更多的人看到自己。适当的内部竞争能够让员工将压力转化为动力，员工在努力工作过程中不仅可以释放自身压力，还可以为企业创造更高价值。

三、并非嫉妒心理

竞争具有公平公正性，参与竞争的任何人都不具备特权，大家各凭本事，对最终结果也都会表示认可。商业银行如果想要培养员工竞争意识，就必须做到鼓励员工竞争，但不支持员工产生畸形的竞争心理。正确的竞争意识是积极向上的，是员工在保持自身素质的情况下，自己通过努力接近目标，并不是通过阻碍他人进步来凸显自己。每个人可能有争强好胜的心理，但不应该存在嫉妒心理，银行员工在参与竞争时，可以选择一位实力强劲的员工作为目标，明确自己与对方的差距，随着差距的缩短，员工的能力必然有所提高。对于自己选定的目标人员，员工不应该嫉妒对方的能力与收获，需明白每个人的成功都不轻松，对方能够有如今的能力，肯定是付出了高于其他人的努力。良性竞争促使员工从自身出发，以提高自身能力为目标，而不是阻碍他人进步。

企业的进步与发展需要有"新鲜血液"，银行员工如果没有竞争意识，就很容易伴随着新人才的引入被淘汰出局，不仅商业银行如此，整个社会环境都是如此，不懂得竞争，就无法适应如今快速发展的经济时代。商业银行是面向客户人群范围很广的企业，对员工的能力要求很高，员工如果不想被淘汰，就必须努力上进、不断奋斗，成为一个不可或缺的人才，让企业看到自己的能力、认可自己的工作。员工努力工作是义务，企业筛选人才是权利，员工无法阻止企业选择更加优秀的人才。如果不想被其他人代替，员工就必须同对手竞争，只有具备内部竞争意识，才能真正明白竞争的意义和作用。

打造内部竞争文化

内部竞争文化是指企业内部形成的遵循竞争制度、发挥竞争作用的一种软文化。商业银行内部竞争文化的形成受到多方面因素的影响，从领导层面讲，任务的分配、机制的运用是内部竞争文化形成的源头；从员工层面讲，工作效率的提高、薪资岗位的提升是内部竞争文化形成的过程。企业文化是组织内部所特有的，内部竞争文化是一种文化，也是一种氛围，是在内部员工工作过程逐渐产生的环境氛围，在这一文化氛围的熏陶下，员工的工作动力会增加，员工为企业做出的贡献会变大。商业银行需要打造有企业特色的内部竞争文化，要关注员工的价值观念、行为表现等，良好竞争文化的要义是在和谐的氛围中竞争，竞争一定要避免产生摩擦，所有的竞争应该是良性的，不应该带有恶意心理。

一、打造内部竞争文化的方法

商业银行打造内部竞争文化不在一朝一夕，这是一个长期的过程。商业银行首先需要建立起一个可以发挥作用的文化体系，在后续的工作过程中，已形成的文化氛围会随着企业的运营发展、员工的行为表现不断被调整。想要打造内部竞争文化，商业银行可以选择组织一些竞争活动，将竞争的理念引入员工认知范围内。待员工真正理解竞争的意义与作用后，领导人员作为表率，需要带头参与竞争，在员工表现出竞争行为时，对于正确的表现要表达肯定。

如图10-8所示，打造内部竞争文化的方法有以下几点。

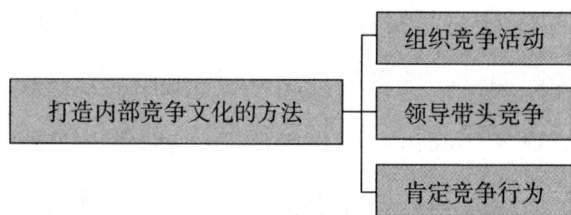

图10-8 打造内部竞争文化的方法

1.组织竞争活动

打造商业银行内部竞争文化，首先可以从简单的竞争思维小活动开始。比如，商业银行可以进行一些竞技小游戏，落败者需要夸奖、优胜者需要表扬，员工会慢慢享受游戏中竞争带来的满足感与愉悦感。通过一些简单的竞争活动，员工逐渐明白了竞争的意义，可以将自己掌握总结的竞争技巧运用到工作当中，并且这些竞争活动与理念都可以成为内部竞争文化的一部分。

2.领导带头竞争

有部分员工即使了解了再多内部竞争信息，没有真切地接触过，也无法做到融入。领导人员既是员工工作行为的标杆，也是团队的主心骨，在员工不能接受竞争理念的时候，领导人员要起到带头作用。商业银行的领导人员可以带领自己的工作伙伴主动与其他部门缔结竞争关系，通过实际参与来向员工展示内部竞争文化的诸多功效。

3.肯定竞争行为

参与竞争的过程中，员工需要不断尝试，从迈出一小步逐渐变为稳健跨越。员工在接受内部竞争理念后，慢慢地会开始初步的尝试。对于员工表现出来的合理竞争行为，领导人员要即时予以肯定，从而推动内部竞争文化的形成。当自己的行为被肯定后，员工会信心倍增，在之后的竞争中会更努力、更主动。

二、内部竞争文化的作用

商业银行内部缺乏竞争就没有发展的动力，银行员工随之会失去工作积极性与热情，不利于整体绩效的提高。在员工失去工作激情的时候，商业银行可以适时地通过内部竞争文化来实现改善。多数企业很看重内部竞争的作用。在引导银行员工进行良性竞争方面，商业银行打造出来的竞争文化往往可以发挥很关键的作用。

内部竞争文化的作用如图10-9所示。

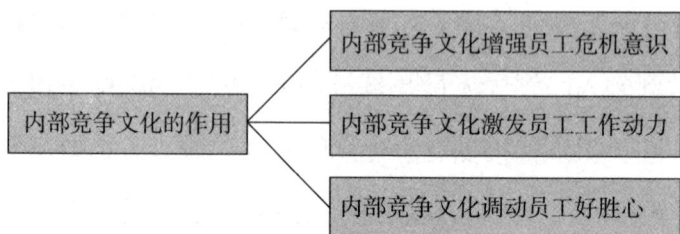

图10-9　内部竞争文化的作用

1.内部竞争文化增强员工危机意识

比起辛苦奋斗，很多人更愿意享受安逸的状态，但是人长期处于安逸的环境中，就会失去工作动力。银行员工的工作热情需要不定期得到激发，在商业银行内部，就职人员不在少数，事实上，并没有人会专门负责时刻关注员工工作状态与日常情绪，能够随时起到作用的方式就是环境氛围影响。打造内部竞争文化可以潜移默化地改变员工工作态度，让员工意识到不竞争就会被淘汰，增强员工危机意识，让员工为稳固职场地位而努力上进。

一家汽车公司在对员工能力属性的一次调查中发现，居然有20%

的员工属于拖后腿的庸才之列。为了后续的发展进步，该公司决定通过不断引进优秀人才打造内部竞争文化，从而减少公司内部无作用员工的数量。公司人力资源部门从其他公司挖来了一位外向、热情的业务经理，这位经理进入公司后激发了其他员工的工作热情与活力。同时这位优秀人才的加入使得平时懒散的员工产生了危机意识。由于该公司内部工作量较为固定，并且近期本没有扩大规模的打算，工作岗位所需人员数量保持不变，一位优秀员工的加入就伴随着一位老员工的离开，企业员工意识到自己的岗位并不是专属于自己的，如果不加以努力就会被其他优秀人才代替。

这家汽车公司在引进优秀人才之后，并没有限制人才发挥，给对方留够展现自身能力的机会。在看到新晋员工的实力后，其他员工会感到紧张和压力。商业银行可以通过引进优秀人才来增强员工危机意识，打造内部竞争文化，使银行员工意识到不努力就会被别人比下去。在内部竞争文化的渲染之下，员工会从不得不努力逐渐转化为不遗余力地付出。

2.内部竞争文化激发员工工作动力

通过竞争，员工可以凭借自身努力的付出获得相应的薪资报酬或其他奖励，员工如果自己能够在竞争中成为优胜者，所能获得的奖励就是企业对其的一种认可与肯定。如果竞争中成为优胜者的另有他人，在看到别人获得奖励的时候，员工内心的渴望与追求就会被放大。因此，只要有竞争存在，员工的工作动力与热情就很难消退。如果商业银行能够打造积极的内部竞争文化，那么内部竞争就可以日常化，员工的工作积极性也可以一直得到维持。

3.内部竞争文化调动员工好胜心

现如今，"佛系"员工越来越多，有人"内卷"，有人"佛系"，但是不可否认，人都有好胜心，没有一个人是真正无欲无求的，区别只是在于表现程度的不同。麦格雷戈说："个人与个人之间的竞争，是激励的主要来源之一。"有很多企业在为如何激励员工而绞尽脑汁，它们在不断尝试与摸索中寻找方式。不得不说，打造内部竞争文化就是一个很不错的方法。受企业环境文化影响，员工的好胜心被调动起来，工作起来就更有干劲与动力。在逐渐竞争的过程中，员工的竞争观念也可以得到强化，能够发挥潜能、把握机会不停地追赶比自己优秀的员工。

商业银行打造内部竞争文化，可以使得竞争理念逐渐融入员工的工作过程中。在文化影响下，员工与员工、部门与部门的竞争会更加日常化。打造内部竞争文化，可以由简入繁，起初，企业可以选择通过小型的竞争活动增进员工对内部竞争的了解，在员工储存了诸多竞争文化理论后，领导人员需要带领其他员工参与到实际竞争中。当员工决定参与竞争后，刚开始的竞争行为通常具有试探性，需要企业给予肯定，之后才可以更有热情地参与竞争。